6개 키워드로 읽는 슈퍼 차이나

이영희 지음

신아사

이영희

중국연변대학교 중어중문학과에서 학부와 대학원을 마치고 교수로 재직하면서 현대중국어 통사론을 강의하였다. 한국 이화여자대학교 중어중문학과에서 외국인초빙교수로 재직하였고, 서울대학교 중어중문학과 박사과정을 수료하였다. 현재는 동의대학교 중어중문학과에서 재직하고 있다. 주로 중국어와 중국어통사론 · 중국어문화에 관한 과목을 가르치고 있으며 한중문법비교에 관한 연구를 하고 있으며 현재 한중문화비교에도 관심을 가지고 있다.

주요 논문으로는 '韩汉名词修饰语标记对比研究' '韩汉重叠结构对比研究' '现代汉语名词性状语的句法语义研究' 등이며
저서로는 〈현대중국어문법론〉, 〈HSK실용중국어문법론〉, 〈인터뷰중국어〉 등이다.

6개 키워드로 읽는 슈퍼차이나

초판 발행 _ 2017년 2월 28일

저　자 · 이 영 희
발행인 · 정 현 걸
발　행 · 신 아 사
인　쇄 · 토탈프로세스
주　소 · 서울특별시 은평구 통일로 59길 4 (2층)
전　화 · (02) 382-6411　팩스 · (02) 382-6401
홈페이지 · www. shinasa. co. kr
E-mail · shinasa@daum.net
출판등록 · 1956년 1월 5일(제9-52호)

ISBN: 978-89-8396-974-3 (93910)

정가 *11,000*원

프라임 동의 인문교양 총서

이 저서는 교육부의 산업연계교육활성화선도대학(PRIME)사업 사업비를 지원받아 집필한 저서임

프롤로그

이 책은 4차 산업혁명의 패러다임 전환시기 대학교 교육이 시대의 흐름에 따라 가거나 혹은 미래지향적인 교육을 하려는 목적에서 쓰여진 교양서이다. 세계 2대 경제대국인 중국은 우리가 21세기를 살아가면서 꼭 알아야 할 대상국이며 꼭 같이 가야 할 동맹국이기도 하다. 그렇다면 우리는 중국에 관하여 무엇을 알고 있는가? 중국이라 하면 지형적으로 동부 연해지역에서 서부 고원지역까지, 4계절이 따스한 남부지역에서 북부 고원사막지역까지 그 지형과 기후가 천차만별이다. 이런 지형과 기후의 차이로 인하여 중국인들이 사용하는 언어 즉 방언이 몇 가지가 있으며, 어떤 음식문화와 거주문화가 있으며, 또 어떤 토속신앙들이 있으며, 어떤 인간성을 지녔으며, 어떤 사회윤리의식을 지녔으며, 어떤 존재감을 가지고 살아가며, 소수민족과 한족의 관계는 어떠하며, 어떤 사회적 네트워크로 이들은 사회질서를 지켜가는지와 같은 등등의 질문들이 스쳐갈 것이다. 우리가 알고 있는 삼국지의 나라, 공자의 고향인 고대 중국, 쿵푸을 잘하는 나라, 가난한 사회주의 나라, 짝퉁을 만드는 나라, 세계시장을 위협하는 나라, 유우커의 나라. . . 로 바뀌고 있다. 이런 것들에 대한 이해를 돕기 위하여 이 교양서는 6개의 키워드로 오늘날의 '슈퍼차이나'를 이해하려 한다.

이 책은 총 6개 장으로 구성되었으며, 매 장은 3개의 절로 나뉘었다. 각 장의 첫 절은 개황을 소개하려고 노력했고 나머지 절은 발전단계와 오늘의 차이나를 기술하려로 노력했다. 6개의 키워드로 중국의 인문학적 철학사상, 인간성, 근성, 정치, 경제, 사회의식을 다루고 있다. 제1장은 고전을 통한 중국인들의 철학사상을 들여다본다. 유가사상의 창시자인 공자의 개인윤리와 사회윤리의 조화, 노자의 삶에 대한 큰 설계와 어떻게 살아갈까에 대한 고민, 장자의 함께 혼자살기를 터득할 것이다. 제2장은 영화를 통하여 시대적 흐름속에 놓인 중국인의 삶을 알아간다. 고대로부터 어떤 과정을 통하여 오늘의 인간성이 생겼을까? 1세대 영화감독이 다룬 인간성의 말살, 왜곡, 회귀를 다룬 영화를 통해 중국인의 삶을 이해하려 한다. 제3장은 차이나타운을 통하여 중국의 이민역사와 화교들의 살아남기 위한 경제관의 수립, 네트워크 구축을 소개하고, 그들의 고향으로의 회귀의식에서 이민국에 뿌리내리기 의식을 기술하고, 그리고 화교와 주변국을 통해 중국은 전통적 유가사상을 되찾고 싶음을 기술하였다. 제4장은 올림픽을 통하여 세계무대에 서려는 중국의 정치적 야망과 대외 홍보를 위한 '공자학원' 설립을 통하여 '문화중국'으로 중국을 전파하려는 의지를 소개한다. 제5장은 웨이씬(Wechat)을 통해 4차 산업혁시기 차이나의 경제력을 소개한다. 고대 중국에서부터 오늘의 중국에 이르까지 경제체제 변화를 소개하고, 고대 실크로드와 21세기 신 실크로드 구축으로 '중국의 꿈'을 알아간다. 제6장은 유우커를 통해 중국인은 어떤 글로벌 의식이 구축되며, 중국인의 마음을 잡기 위한 우리의 전략과 중국전문가양성은 어떻게 해야 하는가를 고민하다.

물론 고전, 영화, 차이나타운, 올림픽, 웨이씬, 유우커 등 6개 키워드로 정한 것은 철저하게 중국내부 입장이 아닌 외부시각으로 보는 중국을 이해하려고 한 노력이며, 이런 부분들에 대한 내용적 기술에서 서로 겹치는 부분은 될수록 피하려 노력하였으며, 또한 중국이 가장 민감하게 여기는 외교문제나 종교문제에 대한 논의들은 가급적 피하려 하였다. 이 교재는 자유교양을 위한 한 학기 교육내용으로서 심도있게 다룰 수 없었으며, 말 타고 꽃구경하듯 중국에 대한 입문서나 개론서로 보는 것이 더 정확할 것이다. 기술면에서 혹은 관점 면에서 착오가 있다면 전적으로 저자 개인의 몫이기에 달갑게 받아들이고 시정하겠다.

2017년 2월

엄광산에서 저자 이영희

목차

6개 키워드로 읽는 슈퍼 차이나

제1장 고전:
고전을 통한 중국의 인문학적 철학사상

1.1 사회를 통해 인간이 되는 이치

중국 고전이라는 함은 유가사상을 가리키는데 이것은 종교적 개념이 아니다. 서양과학체계로 논의되면서 유학 혹은 유교儒學/儒家가 종교인가 철학인가 하는 구분이 생긴 것이다. 현재 중국의 일부 학자들은 유학이 반드시 종교화되어야 한다거나 역사적으로 볼 때 유학은 종교였으며, 심지어 공개적으로 유교가 '국교'가 되어야 한다고 주장하고 있다. 그러나 종교라 함은 그 의식이 있기 마련이다. 불교에서 선종禪宗의 표현방식과 정토종淨土宗의 표현방식이 다르며, 도교도 자체의 표현방식이 있다. 유학이 종교화되자면 반드시 이와 같은 표현형식이 있어야 한다. 이것은 아직도 논의되고 있는 문제이다. 유학의 핵심은 '인학仁學'이며 '인학'의 핵심은 이성적 도덕관道德理性이다. 공자孔子의 '위기지학爲己之學'이란 스스로 반성하고 스스로 바로잡는 내공을 통하여 자아를 검증하고 발전하고 완성하는 것이다. 이 내용에는 '스스로 배우기 위하여 발분하지 않으면 깨우쳐지지 않고, 모르는 것을 답답해 하지 않으면 깨닫도록 알려주지 않는다不憤不啓,不悱不發'라는 교육적 방법론이 내포되어 있다. 또한 '하늘을 탓하지 않고, 사람을 탓하지 않는다不怨天, 不尤人', '자기 스스로 돌아보아 거리낌이 없는데 무엇을 걱정하고 무엇을 두려워하겠는가內省不疚 夫何憂何懼', '날씨가 차가워진 뒤에야 소나무와 잣나무 잎이 늦게 시듦을 알 수 있다歲寒, 然後知松柏之後凋'와 같은 자발적 인격수양론도 포함되어 있다. '인을 행하는 것이 자신에게 달린 것이지 남에게 달린 것이겠는가?爲仁由己 而由人乎哉'로 긍정적인 마음 자세를 언급하였고, 또 '인은 멀리 있는 것인가? 내가 인하기를 바라면 인은 바로 찾아온다仁遠乎哉? 我欲仁, 斯仁至矣'라고 하는 것들은 모두 '위기지학爲己之學'의 기본적인 에너지의 원천은 외부에서 얻는 것이 아니라 내부적인 동력임을 언급한 것들이다. 위기지학은 다시 공자의 말을 통하여 '옛날의 배우는 사람들은 자신의 인격 수양을 위해서 하는데, 지금 배우는 사람들은 남의 평가를 위해서 한다古之學者爲己, 今之學者爲人'라고 풀이하기도 하였다. 이렇게 개인의 독립성을 실천하는 것에 대해서는 '스승에게도 양보하지 않는다當仁,不讓於師'라고 강조하였고, '삼군이나 되는 대군을 통솔하는 장군의 권력은 빼앗을 수 있어도, 한 사나이의 강한 의지는 빼앗을 수 없다三軍可奪帥 匹夫不可奪志也'처럼 타인의 인격을 존중하는 사상을 강조하기도 하였다. 그렇다고 '개인주의(individualism)' 색채를 띠는 것은 아니다. 이것은 '자신에게 최선을 다하다盡己之忠'라는 '충忠'에 담긴 자아결정력을 의미하고, 이런 자아결정력이 생기면 '자신의 입장에서 미루어 남의 입장을 이해推己及人'하는 '서恕'와 같은 자비심이 실현될 수 있다는 것이다. 충서忠恕

사상은 일관되게 유가사상에 관통되어 녹여져 있다.

자신의 입장에서 미루어 남의 입장을 이해하는 '서도恕道'는 인학의 도덕적이성의 존재론적인 면을 반영한다. 실질적인 내용은 다른 사람을 위해 잘 생각하고 남의 입장을 잘 고려하는 수단을 이용하여 수심修身으로 시작하여 제가齊家, 치국治國, 평천하平天下로 확장되어 갈 수 있다는 것을 암시한다. 공자가 말하는 '부모님께 효도하고 형에게 공경하는 것이 바로 인의 근본이다孝悌也者, 其爲仁之本歟'라고 하는 것은 인간이 되는 법을 배우는 가장 기본적인 환경이 집이며, 또한 집이 그 시발점이 되어야 한다고 한다. 부모를 효도 하지 않고 형제우애도 없이 살아간다면 세상과 마주했을 때 타인을 사랑하는 마음이 있을 수 없다는 것이다. 만약 행동으로 실행하지 않으면 공론에 불과할 것이라는 의미이다. 그래서 맹자孟子는 '인의 실체는 어버이를 섬기는 것이다仁之實, 事親是也'라고 언급하기도 하였다. 만약 우리가 효도와 공경단계에서 '자기가 싫어하는 것은 남에게도 하지 않는다己所不欲, 勿施于人'라고 한 공자의 사상에 근거한다면 타인을 사랑하라는 마음을 가리킴을 알 수 있으며, '노인들은 편안하게 해드리고, 친구들은 나를 믿도록 만들고, 젊은 사람들은 보살펴준다老者安之 朋友信之 少者懷之'로 한 단계 발전하고, 더 나아가 '백성들에게 은혜를 베풀고 대중을 구제하라博施濟衆'는 더 높은 단계로 올라 간 것이다. 이렇게 가족에서 출발하여 타인, 노인, 친구, 어린이까지 사랑하는 마음이 백성에게 대중에게로 간다는 사상을 언급하였다.

엄격하게 말하자면 충서忠恕를 중심축으로 하여 일관된 이치에 대한 역동적이며 발전적인 설명이라 할 수 있다. 마치 한 인간이 태어나서 끊임없이 성장하고 장대해 지는 것과 같이 인간이 되어 가는 이치를 알아가고 배워가는 과정은 끊임없이 분투하는 과정이라는 것을 알게 된다. 이렇게 영원히 멈추지 않는 성장과정에서 자신의 정신세계를 높여 정정당당하고 위풍당당하게 처세하고, 한 점 부끄러움 없이 비범한 기개를 지닌 인격체로 우뚝 서야 만이 강인한 정신으로 무거운 사회적 책임과 멀고먼 길을 갈 수 있다는 이치를 깨닫게 됨을 가르쳐 준다. 즉 '인을 자신의 임무로 삼으니 책임이 무겁지 않겠는가? 죽은 후에야 그만두니 갈 길이 멀지 않겠는가仁以爲己任, 不亦重乎？死而后已, 不亦遠乎？'라는 말씀으로 우리에게 끊임없이 사회적 책임을 지고 살아가라는 메시지이기도 하다. 그래서 우리는 재능이나 지혜 그리고 성장환경의 우열과는 상관없이 사람에 따라 다르기에 도덕적 실천과 인격발전의 과정에서 구체적인 상황에 따라 여러 가지 형태의 변화가 있을 수 있음을 알 수 있다. 즉 '자신을 자제하고 남을 관대하게 대하다克己待人'라는 인격수양사상을 우리의 성장과정에 적용시킨다면 청소년시기에 여색을 경계해야 하고戒之在色, 중년기에는 싸움을 경계하고戒之在斗, 노년에는 물욕을 경계해야戒之在得한다와 같은 인생가이드북을 제시하기도 하였다.

남회근南怀瑾는 유교도교불교가 중국문화의 핵심이라 하면서 과연 우리는 왜 생각을 정지시킬 수 없을까? 이런 생각활동이 우리 두뇌의 활동인가 마음의 활동인가?라는 문제제기를 하였다. 우리는 중년이 되면 생각이 평온하지 않고 혼란스러우며, 우리의 정서도 평온하지 않고 번덕스럽다. 이것은 아마도 오십퍼센트는 생리현상 때문일 것이라고 추측한다. '달은 매달 15일이 되면 밝기가 약하다月到十五光明少'라는 중국속담이 있는데 보름날이면 달이 가장 동그랗지만 우리가 살면서 육안으로 실제로 달의 동그랗다는 것을 본 것이 몇 번이나 되겠는가. '중년이 되면 모든 것이 끝이다'라는 것은 태양이 산 너머로 넘어가는 것고 같기에 슬픈 것이라 할 수 있겠다. 몸이 아프고 기력이 딸리는 것들이 정서적으로 쉽게 화내게 되는데 이것은 육감六感이 생각이나 정서를 일으키는 것이다. 이런 육감은 일상생활 속에서 늘 밖으로 향한다. 우리는 외부환경의 영향을 많이 받으며 나이를 먹을수록 이런 육감으로 인한 영향은 더 고집스럽고 그 오염도가 아주 심하다. 청소년 시기에는 여색을 경계하라는 말은 경계하라는 것이지 하지 말라는 말은 아니다. 위생적이고 절제적인 남녀관계를 이런 형식으로 말한 것이다. 중년에 싸움하는 것을 경계하라는 것은 바로 중년이 되면 우리는 승진도 하려하고 돈도 벌려 하고 부귀명예를 좇고, 출세하기 위해서는 다른 사람들과 경쟁해야 하고 경쟁하다보면 상대와 모순이 생기고 그러다 보면 울컥함과 동시에 승부욕이 생기는데 이것을 공자는 싸움이라 표현한 것이다. 특히 이시기에는 혜안으로 정확히 보고, 포기할 줄도 알아야 한다. 또 우리는 늙으면 늙을수록 더 고집스러워 진다. 심신과 만물을 모두 꽉 잡고 놓으려 하지 않는다. 이것은 육감이 꽉 잡고 있는 것이기에 늙으면 물질에 대한 욕망을 경계해야 한다는 것이다. 이렇게 충서忠恕로 일관된 도덕적 수양은 효과적 면에서나 결과론적 면에서나 승패를 언급하는 것이 아니라 인간의 품성을 평가함에 있어서 그 동기와 과정에 중점을 둔 학설이라고 할수 있다.

이런 유교적인 도덕적 학설은 일상생활 속에서 실천적 인간관계를 중시한다는 것이다. 이것은 서구의 금욕주의(stoicisim)와 유사하기에 헤겔(Hegel)은 이것을 로마의 키케로(Cicero)의 처세격언과 같은 도덕적 교리라고 지적하였다. 이 유교적 학설은 칸트(Immanuel Kant)의 순순이성실천과 약속하듯이 일치한 부분도 있다. 칸트가 객관적기준의 절대성을 강조하고 도덕적 주체성을 직시하지 못한 것은 신학의 영향을 받아 '신의 존재'와 '영혼불멸'의 필요성을 제기하였던 것이고, 중세 중국의 유학자들이 언급했던 심성지학心性之學문제를 경시하였던 것이다. 공자 인학이 제기한 도덕적 이성은 어디까지나 다른 흥미를 자아내며 요즘 서구학자와 일본학자들은 이런 학설을 존재주의 특성이 있다고 보기도 한다. 그러나 존재는 늘 본질적인 인생철학보다 먼저이다. 인학의 개인 판단력은 비록 '존재론 적인 결정(existence decision)'이기는 하나 유가사상이 내 세운 내용들은 틀림없이 '멋대로 생각함이 없고, 꼭 어떠하다고만 생각함이 없고, 자기생각을 고집함이 없고, 자기 개인만을 생각함이 없다毋意,毋必,毋固,毋我'는 도덕적 수양 효과로 나타난다. 이것은 개인의 성격기질을 목적으로 하는 것과는 차원이 다르다고 볼 수 있다.

공자 인학에서 규정하는 도덕성은 '궁극적 관심(ultimate concern)'에 폴 틸리히(Paul Tillich)의 내용도 내포하고 있으나 공자의 도덕성은 '종교성(religiousness)' 즉 영혼의 초월과 이상천국으로 간다는 것이 아니다. 다시 말하자면 첫째로는 태여날 때부터 가지고 있는 본성天命之謂性, 둘째로는 구애받지 않고 마음이 내키는 대로 하는 행위率性之謂道, 셋째로는 틀린 행위를 바로 잡는 교육修道之謂教이라는 중용적인 사상과 원칙을 우리가 살고 있는 사회에서 일상적인 삶에 녹여내는 것이다. 마찬가지고 이런 도덕적 이념은 풍부한 지식을 내포하고 있을 뿐만 아니라 배우는 것과 사고하는 것을 함께하면서 지식을 탐구하는 태도 즉 '이전시대의 경험을 배우기만 하고 그 배운 내용에 대해 깊이 있는 사고가 뒤따르지 않으면 남는 것이 없고, 자기만의 생각 속에 빠져 있기만 하고 이전 시대의 경험을 배워 실질적인 내용을 채워가지 않으면 허황되어 위태롭게 된다學而不思則罔, 思而不學則殆'를 강조하기도 하였다. 그러나 이런 지성(intellectuality)은 순수한 이론적 논쟁을 나타내는 것이 아니고 '정치적 도덕성, 국민의 풍요로운 경제생활正德利用厚生'을 지향하는 정치, 경제, 교육의 원칙으로 정하고, 현실적이고 구체적인 문제를 집중적으로 해결하자는 것이다. 비판적으로 볼 때 공자인학은 초월적인 신학의 경지를 나타내지 않고 있으며 지향하지도 않고 있기에 비속적이고 세속적인 위험에 떨어질 가능성이 있다. 이것은 추상적인 추론 연구에 몰두하지 않으므로 인하여 인식론의 발전을 가로막을 수도 있다는 점이다. 이 문제는 공자인학(仁學)이 위기의식과 밀접히 연결된 문화적 관심사와도 관련된다는 점을 지적하는 것이다.

현대에 들어서 유학은 중국에서 어떤 형식으로 발전되었으며 또 어떤 양상을 띠고 있는가가 어제의 유학이 오늘로 나타나는 현상이 아닐까 생각된다. 뚜웨이밍杜威明이 제기한 '문화중국文化中國'이라는 용어에는 지식인의 비 주류화문제, 민간사회문제, 다원문화문제, 중심적 가치지향문제, 전통의식의 현대로의 전환문제, 비판적 계승문제, 계몽적인 심리의 문화적 반성문제, 급진파와 보수파의 문제, 현실과 이상과의 문제, 대중적 플랫폼 구축 문제, 책임윤리와 소통이론 사이의 문제들 중 아마도 가장 핵심적인 문제는 민족공동체의식에 기반을 둔 유가전통儒家傳統과 자유사조自由思潮와의 관계일 것이다. 중국역사를 훑어보면 한무제漢武帝가 유가만 떠받들었기에 유가사상활동이 가장 활발하게 정치적 통치와 연관되었고, 위진魏晉시기부터 당唐나라에 이르기까지 경학經學이 발전되었다. 사회분야와 정치 분야에서는 유가사상이 비교적 집중되었고, 사회관념 면에서는 도가道家와 불교佛教의 천하라고 말해도 과언이 아니었다. 당나라 현장玄奘이 상류계층의 존경을 받은 것도 이 때문이었다. 송宋나라 명明나라 때에 유가사상이 불교를 받아들여 내재화 함으로써 송명시기의 유가사상은 그 자체의 포용성을 과시하기도 하였다. 유학의 이런 포용성은 송명성리학宋明理學이 발전될 수 있었던 것이다. 때문에 우리는 선진유가先秦儒家와 송명유학宋明儒學내용이 완전히 다르다고 주장하며 송명유학을 신유학(neo-Confucian)이라 한다. 19세기에 들어서 중국대륙에서 유학은 몰락의 길을 걷게 되지만 한국, 일본, 베트남 등 아세아 지역에 유입된 송명시기의 신유학-성리학이 거듭 발전을 이룬다. 중국에서의 유학은 근대에 들어와서 여러 차례 걸쳐 단절되었지만 일본이나 한국본토에서 상상할 수 없을 정도의 유가전통의 다양성이 반영되고 유지 되어 왔기에 현재는 그 예법과 전통을 역으로 와서 배운다.

유학 전통의 계승과 현대사회로의 전환은 상호교류하면서 전환하고, 녹여내면서 전환하여야 한다. 유학전통문화 '삼강오륜三綱五倫'는 현대사회와 모순도 되고 충돌도 한다. '삼강三綱'은 군권君權, 부권父權, 부권夫權의 독재를 강요하기에 민주주의와 공존할 수 없으며, '오륜五倫'은 맹자가 언급한 것인데 부자유친父子有親, 군신유이君臣有義, 부부유별夫婦有別, 장유유서長幼有序, 붕우유신朋友有信인데 이것은 서로 내적 연결성이 있으며 주요하게 도덕적 층위를 가리킨다. 이 도덕적 요구는 일반 시민뿐만 아니라 지도층이나 권력층, 혹은 정신적자원을 장악하고 있는 사람에게도 해당되는 자기관리원칙이자 스스로에 대한 약속으로 작용된다. 이것에 대한 관찰과 집행은 우리시대에 안겨진 과제이기도 하다. 유학과 현대성의 결합은 문화현상으로만 볼 수 없다. 현대성 하면 우리는 시장경제, 민주정치, 개인주의와 같은 3요소가 포함되지만 고도로 문명화된 사회에는 이 3대요소가 따로 각각 고려대상으로 된다. 프랑스에서는 혁명적이고, 독일에서는 민주주의적이고, 영국에서 회의주의적이고, 미국에서는 시민사회적인 기반으로 표출되었고, 한 사상적 뿌리가 다름에 따라 이 3대 요소도 완전히 다르게 표현된다는 것이다. 아세아 지역인 한국, 일본, 대만에서 마찬가지로 다른 형식으로 나타나는데 시장경제만 작동하여 나타나는 것이 아니라 정부의 지도자들의 작용이 더 중요한 기능을 한다. 그렇다면 일당체제민주, 권위주의와 민주주의의 충돌 이런 충돌이 꼭 일어나야만 하는가, 정부의 힘이 세면 좋은가 아니면 정부의 힘이 약하면 좋은가 등 아주 복잡한 문제들이 공업화와 더불어 경험적으로 우리에게 안겨진 해결해야 할 미션이기도 하다.

1.2 어떻게 살아야 하는가?

우리는 공자를 문화적인 공자라 한다면 노자는 아마 철학적인 노자라 할 수 있다. 유가사상은 사회규범을 통하여 인간의 도덕적 가치를 높이려 한다면 도가사상은 철학적 정신의 수립을 통하여 인간의 마음경지를 높이려는 것이다. 한무제가 유가만 떠받든 것과 마찬가지로 관리들이 유가를 떠받들고, 작가와 시인 그리고 백성들이 노장老莊사상에 매력을 느낀다. 중국의 역사에서 유가와 도가는 완전히 다르게 갈라졌는데 유가는 역대 중국정치에서나 현재 중국정치에서나 공식적인 문화코드 즉 통지자 정부의 철학이 되었고, 도가는 감추어진 문화코드로 즉 민간철학이 되었다. 중국에 만약 노자라는 철학가가 없었다면 중국문화는 현재의 중국문화와 완전히 달랐을 것이고, 중국인들의 성격도 현재와는 완전히 달랐을 것이다. 중국역사상 역대의 제자백가들은 모두 각자의 길을 갔으나 도가만 그 이름을 독특하게 누리고 있다. 노자사상은 엄격한 논리로 풀이되는 철학사상이다.

본말이란? - '가도지도可道之道'와 '불가도지도不可道之道'의 '도'

'도'란 이런 거야, '도'란 저런거야, 아니야, '도'를 만약 언어로 설명할 수 있다면 그것은 '도'가 아니야. 그럼 도란 대체 무엇이고, 무슨 뜻이지?

'도'는 세상만물 우주만물의 이치를 포함하고 있으며 형태도 없고 소리도 없고 실체도 없을 뿐만 아니라 영원히 변하지도 않는대. 그러기에 이런 '이치道理'는 언어나 문자로 명확히 설명할 수 있는 것이 아니야. 그렇게 만물을 포함하는 빅 이치라면 대체 어떤 '이치'일까?

만약 네가 갑이라고 하면 '이치'는 갑이고 을이 아닐 거라 하면 아니고, 만약 '이치'을 '흰색'이라면 '검은색'은 아닐 거고...이래서 명칭으로 정의내리기 어려운건 가봐. '빅도大道'를 이해하려면 언어나 문자나 명칭에 집착하지 않았으면 좋겠어. 완전히 초심리心靈로 이해하여야 하지 그렇지 않으면 옆길로 빠지게 되거든. 만약 이것을 이해한다면 우리는 천지만물이 나타나게 된 것에 대하여 이야기해도 되겠네.

천지가 시작할 때 물체物體도 없고 구체적인 형상도 없었다. 이런 상황을 '무無'라고 칭하고 '무'가 바로 '도道'의 본체本體이며 우주의 근원이다. '도'가 나타나자마자 즉시 창조적 기능으로 인하여 '도'와 함께 만물이 생겨난 것이다. 이것을 '유有'라 칭하고 '유'가 바로 '도'의 기능이기 때문에 천지가 시작할 때를 생각하면 '도'의 본체의 심오한 철리가 이해될 것이다. 만물의 근원이 '유'라는 것을 이해하면 '도'의 기능이 광대하고 변하지 않음을 이해할 것이다. '무'와 '유'는 도의 본체이자 도의 기능이다. 이 '유'와 '무'는 도에서 동시에 나타났지만 명칭만 다를 뿐이다. 진짜 머리 아플 정도로 현묘한 것이다. 그럼 이것이 바로 우주만물창조의 근원인 '도'라 할 수 있다.

우주의 본체는 '무'이고 '무'로 인하여 천지가 창조되고 천지로 인하여 만물이 생기고 ...끝끝내 떠들법석한 오늘의 세계가 형성되었다.

이렇게 노자는 '도'를 형이상학적인 자리에 올려놓은 철학가라고 한다. 그러나 '도'가 처음부터 형이상학적 의미를 지닌 것은 아니다. '도'는 회의자로서 머리 수首와 쉬엄쉬엄 갈 착辵으로 구성되었다. 네발로 가던 동물에서 머리를 들고 서서 직립보행 하는 동물로 첫 직립 할 때부터 천지에서 휘황한 역사가 쓰이기 시작되었던 것이다. 한자 '도'의 어원에서 볼 수 있듯이 '도'자에는 걷다는 이미지와 창조라는 의미가 내포되어 있다. 때문에 노자와 장자老莊은 '도'는 걸어 다니는 길에서 이루어지다道行之而成라고 언급하기도 하고, 또 '도'는 만물을 창조하였다라고 언급하기도 하였다. '천도天道'라는 용어는 은주殷周시대부터 천문현상의 운행규칙을 탐구하기 위하여 사용된 용어이고, '인도人道'라는 용어는 인간이 세운 사회행위의 규범을 가리키는 용어로 사용되었고, 노자의 '도'는 형이상학적 존재인 현상現象계의 만물이 유래된 근원으로 사용되었다.

만물의 근원으로서의 '도'는 무형, 무한적이기 때문에 노자는 '무'라 칭하였고, 이는 실존할 뿐만 아니라 이로부터 모든 것이 생성되기에 또 '유'라 칭한 것이다. '무'와 '유'는 '다른 이름 같은 지칭異名同謂'을 하는 면에서 이는 형체에 대한 도의 양면이라 할 수 있다. 그래서 노자의 도는 만물의 근원이고, 모든 존재적 대전이며, 끊임없이 유동大化流行하는 과정이며, 정신생명의 최고경지이다.

상대적이란? - 유무상생有無相生

노자는 현상세계의 사물과 사물간의 상호대립, 상호연관, 가치판단에 대한 상대성 문제들을 늘 언급하였다. 즉 '미美'가 없으면 '추丑가 있을 수 없고, '선善'이 없으면 '악惡'이 있을 수 없고, '유有'가 없으면 '무無'

가 있을 수 없고, '어려움難'이 없으면 '쉬움易'이 있을 수 없고, '길다長'가 없으면 '짧다短'가 있을 수 없다는 것이다. '유무상생'는 철학적 명제로 현상세계를 통찰하는 서술방법이다. 첫째 사물의 존재는 서로 의존한다. 사물의 드러난 면과 가리워진 면 즉 사물의 표면구조와 심층구조를 가리키는 뜻이다. 둘째 사물의 대립 면은 서로 전환한다. 선량함이 요물로, 참고 견뎌냄이 보전으로, 굽임이 폄으로, 저습지가 충족함으로, 낡은 것은 혁신으로, 적게 취함이 다득으로, 탐욕은 현혹으로 전환한다는 의미이다. 셋째 사물의 상반되는 면은 서로 어울린다. 유무有無, 미추美丑, 동정動靜, 음양陰陽, 손익損益, 강유剛柔, 강약强弱, 정반正反와 같이 대립도 되고 내포적이기도 함을 의미한다.

순응이란? - 위무위爲無爲

도는 언제나 자연에 순응한다. 마치 '무소작위無所作爲' 즉 어떤 기능도 하지 않는 것 같지만 '무소불위無所不爲' 즉 기능 하지 않는 데가 없다. 만약 우리가 이런 지조를 지켜낼 수 있다면 우리도 만물처럼 자생할 것이다. 자생하는 과정에서 탐욕이 생기게 되면 우리는 도의 참된 본성을 이용하여 탐욕스런 마음을 제압해야 한다. 도의 참된 본성으로 굴복시키면 만물은 사욕 없이 맑고 깨끗해지고 천하도 자연히 안정될 것이다.

본 받음이란? - '도법자연道法自然'

우주만물 사대 중 도가 크고, 하늘이 크고, 땅이 크고, 사람도 크다. 네 가지 큰 것 중 사람이 한 자리를 차지한다. 사람은 땅을 본받고, 땅은 하늘을 본받고, 하늘은 도를 본받고, 도는 스스로 그러함을 본받는다. 노자의 '스스로 그러함自然'이 핵심철학 사상이다. 이 '자연自然'는 자연계를 가리키는 명사가 아닌 '저절로 그렇게 되는' 의 형용사적 표현이다. 인간은 외부적인 환경에서 경험과 지식을 섭취하여 인간 스스로의 지혜로 내재화 할 수 있어야 함을 언급한 것이다. 인간이 천지를 본받아 라고 함은 인간이 하늘과 땅의 맑고 평안함, 원대하고 너그러움을 본받고 자연성을 본받아 라는 상징적인 의미이다. 그렇다면 도의 중요한 특징은 '자연성自然性' 즉 저절로 그렇게 됨이 실천되는 것이다. '도법자연'이란 '도'는 '스스로의 그러함을 본받음'을 근거로 한다는 의미이다. 그래서 '도'의 자연성은 자발적自發性과 자위적自爲性이고, 인간이 도를 본받는 자연성은 인간이 내재하고 있는 자주성自主性과 자유성自由性을 발휘한다는 것이다. 다시 말하자만 '도'라는 것은 '자아'의 경계가 없으며, 인간이 자유롭고 속박 없는 정신적 낙원에 있을 때 비로써 '인간'이 스스로의 그러함 즉 인간본성自性을 본받을 수 있다는 것이다.

유연성이란? -브드러움柔弱과 강직함剛强

세상에 물보다 더 유연한 것은 없을 것이다. 그러나 물은 단단함을 돌파하는 능력이 있다. 이 이치를 모르는 이는 없지만 이 이치로 살아가는 이는 거의 없다. 그래서 성인들은 우리에게 늘 교훈적으로 말씀하신다. 세상 모든 굴욕을 감당할 수 있어야 이 세상의 군주가 될 자격이 있으며, 모든 재앙을 감당할 수 있어야 한 나라의 왕이 될 자격이 있다. 물은 유연하지만 아무리 견고한 물건이라고 해도 부술 수 있다. 유연성에는 정복하지 못할 강인한 개성이 있기에 강직함을 이긴다라고 한다.

그를 수축시키려면 먼저 그를 확장시켜야 하고, 그를 약화시키려면 먼저 그를 강직하게 해야 되고, 그를 폐기하려면 먼저 그를 거론해야 하고, 그를 부정한 방법으로 얻으려면 먼저 무언가를 부여해 주어야 한다. 이것은 당연한 이치이고 유연함이 강직함을 이기는 이치이기도 하다. 물고기는 연못을 떠날 수 없듯이 연못을 떠나면 말라죽을 것이다. 유연성은 치국의 근본이요 유연성으로 나라를 다스리지 않으면 멸망할 것이 틀림없다. 권모술, 형벌 같은 것은 모두 사나운 것들이니 백성들에게 가해져서는 안된다. 즉 사물의 발전이 극에 달하면 반드시 반전이 있게 되고 강세는 틀림없이 약세로 전환하는 것은 영원히 변하지 않는 이치이다. 통치자가 이 이치를 알고 잘 이용한다면 유연성으로 강직함을 극복하고, 유연성으로 강직함을 능가할 것이다.

물의 특성은 무엇인가? -상선약수上善若水

도덕적인 사람은 '물'같다고 한다. 물는 아래와 같은 세 가지 특성이 있기 때문이다.

만물에 영향을 공급하고, 본성이 약하여 그러함을 따라 거스르지 않으며, 모두 싫어하는 천하고 낮은 곳으로 흘러간다. 물이 낮은 곳으로 항함을 겸허한 성격을 가진 사람을 상징하고, 물이 깊고 깨끗함은 조용하고 과묵한 사람을 상징하고, 물이 만물에게 대가없이 베품은 대가없이 넓게 은혜를 베푸는 사람을 상징하고, 물이 만물의 본래그대로의 모습으로 비추는 것은 거짓없고 진정성 있는 사람을 상징한다. 물은 유연하여 네모나게 하고 동그랗게도 한다. 인간이 만약 물의 거스름 없음을 모방한다면 '만물에 이롭고', '겸허한' 효과를 낼 것이기에 '도'와 가까워 지고 '도'에 인접하게 된다.

착함이란? -선위도자善爲道者

도에 이른 사람은 조용하고, 현묘하고, 통달하며 정신세계는 보통 사람이 이해할 수 있는 범위를 벗어나 있다. 일반 사람들이 이해할 수 없기에 아래와 같이 기술 할 수 밖에 없다. 도에 달한 사람은 마치 겨

울에 얼어붙은 강을 건너듯 경솔하게 발을 얼음에 내딛지 않고 조심스럽고 행동한다. 도에 달한 사람은 주위사람들이 실수하기를 기회를 엿보듯 조심스럽게 경계한다. 도에 달한 사람은 손님처럼 정중하다. 도를 닦고 덕을 입함에 있어 봄철에 얼음이 녹듯이 욕망이 걷어진 상태이며, 그 본질은 마치 조각하지 않는 원재료처럼 돈후하고 소박하며, 그의 가슴은 깊숙하고 그윽한 산골짜기처럼 가슴은 넓고, 태도는 겸허하며, 그의 표정은 혼탁한 물처럼 멍청하고 무매해 보이고 예리한 칼날을 드러내지 않는다. 그 누가 대혼란속에서 안정되고 천천히 맑고 깨끗해 질 수 있을까? 그 누가 안정함에서 변화를 일으켜 나갈 수 있을까? 이런 이치를 깨달은 사람은 자만하지 아니하며 자만하지 않기에 낡은 것을 버리고 혁신할 수 있어 심령心靈은 맑고 투명하며 활기차다. '도'를 깨달은 사람은 세심하고 심각하고 사리에 밝으며, 매우 조심스럽고 신중하며 겸손하고 순박하다. 때문에 이런 사람은 처세처사에 있어서 완벽을 추구하지 않기에 실패도 하지 않는다.

노자는 긍정적인 측면에서 인간의 정신층위를 높였고, 또 부정적인 측면에서 사회 혼란성의 근본을 통찰하였다. 인간은 기타 동물과 달리 학습을 통하여 경험을 쌓고 자신을 개선하고 협력을 통하여 환경을 개조한다. 그러나 인간은 또 기타 동물보다 교활하고 꾀가 많지만 다른 동물들은 동류同類에 대하여 쓸데없는 짓을 하지 않고 모함하지 않으며 기계를 발명하여 이류異類를 사냥하지 않는다. 니체가 '인류는 아주 깊게 병든 동물이다'라고 한 것은 통치자들이 권력을 남용하고 침략전쟁을 일으켜 대규모적인 살상행위를 초래한 것에 대한 적절한 비유이다. 노자의 '무위'학설은 통치자들에게 권력을 마음대로 휘두르지 말 것을 언급하였고, 통치자가 되려면 사회이치를 거스르지 않고 유연하게 저자세로 겸허하게 마음을 먹어야 한다는 것이다. 노자는 이상적인 통치자를 '수水'에 비유하여 물의 특성처럼 유연하고 자연을 거스르지 말고, 아래로 향함의 미덕을 배워 라고 언급하였다. 하늘 아래 아마 가장 유연한 사물을 물이라고 할 수 있을 것이다. 뼈도 없고 힘도 없지만 한 방울한방씩 한 곳에서 몇 백 년을 떨어지면 돌이든 철이든 모두 구멍을 낼 수 있다. 이것이 바로 물이 만물에 영향을 공급하고, 본성이 연약하여 자연과 다투지 않고, 모든 사람이 비천하게 생각하는 저지대에 흐른다는 상선약수上善若水처럼 유연성이 강직함을 능가하는 것이고, 강직함에는 그 어떤 강직함으로도 대항할 수 없지만 유연함만이 이런 강직함을 이길 수 있다는 이치를 알려주는 것이다.

천天은 왜 '강직함'을 싫어하는 가를 누구한테 물어야 하는 것인가?

다투지 않으면 이길 가능성이 있고, 말하지 않으면 반응할 가능성이 있고, 부르지 않으면 만물이 자동으로 귀순하게 되고, 넓고 평탄하면 예측할 가능성이 있다는 것이 자연의 법칙이다. 자연의 범위는 넓고 끝이 없기에 대망大網과도 같아서 대망이 덮은 범위에 포함되지 않는 것이 없으며 망이 비록 얼멍얼멍하지만 누락되는 것이 없다. 자연의 법칙은 연약하고 다투지 않기에 인간의 행위도 응당 자연의 법칙을 본받아야 한다. 인간의 몸을 다스리든 나라를 다스리든 시종일관하게 '유柔'하게, '약弱'하게 세상을 살아가고 세상 일을 대처하라는 것이다. 이래서 노자사상에서 '강직함'는 하위개념이고, '유연함'은 상위개념으로서 군사적 외교적 철학사상에 많이 사용된다.

1.3 함께 혼자 살기

장자莊子는 노자와 달리 '도道'를 우리 개체의 마음과 연결시켰고, 장자가 언급한 모든 곳에 도가 존재한다는 것은 도가 우리 개개인들의 마음에 존재心齋함을 명확히 하였고, 도는 사물의 본질적 의미를 나타내는 것으로부터 생명의 주체 경지인 '기氣'로 전환 시킨 동시에 만물의 존재 모습과 매커니즘 운영 체계를 '이理'로 설명한 것이다. 다시 우리 현대 말로 풀자면 마음, 영혼, 몸을 도道, 기氣, 이理로 설명했다고 해도 많이 벗어나지는 않을 것이다. 인간의 자유로운 정신상태, 사물에 억매이지 않는 철학적 정신 경지가 바로 장자가 말하는 무위無爲개념이며, 어떤 사물이나 일에 전념하거나 몰두하는 유심游心이라는 개념을 사용하여 인간의 정신적 자유와 예술적 인격체를 표현하였다. 자연自然, 무위無爲, 유무有無, 허정虛靜같은 장자의 인생철학을 이해하기 위하여 우리는 몇 가지 우화를 통하여 그 메타포적인 함의를 도출하여 보자.

비상하라! - 곤붕전시鯤鵬展翅

북쪽에 있는 바다에 곤鯤이라는 어마어마한 크기의 물고기 한 마리가 있는데 어느 날 갑자기 큰 붕鵬새로 변하였다. 이 붕새의 등은 몇 천리인지를 알 수 없을 정도로 넓었고 날기 시작하면 구만리 상공까지 날아올랐다. 붕새가 구만리나 되는 고공에서 내려다보니 지면은 아무것도 보이지 않을 정도로 혼탁하여 모든 산천가옥들이 전혀 보이지 않았다. 붕새는 또 머리를 들어 올려다보니 하늘은 끝없이 창망하여 하늘과 땅은 혼연일체가 되었다. 붕새가 고공을 날고 있을 때 땅에 있는 참새가 쯧쯧 하면서 비웃기 시작했다. '뭐 할려고 재는 저렇게 힘들게 저렇게 높게 나는 거야?' '나 같은면 나무에서 노래를 부르거나 작은 벌레나 잡아먹으면서 한가히 놀겠다'라고 참새가 말하자 이것을 지켜보던 한 농부가 '참새야, 네가 나는 방법은 붕새가 나는 경지와 완전히 다르잖아'라고 하였다. 우리는 작은 참새를 비웃을 필요도 없고 그렇다고 붕새를 부러워할 필요도 없다.

이 이야기를 읽다보면 문학적 상상력이 기재된 재미나는 동화인 것도 같고 반대로 심오한 철학이야기 인 것도 같다. 곤어가 붕새로 변형하는 '변화'와 큰 것과 작은 것의 '차이'를 말하고 싶은 것이다. 여기에서 붕새는 '자기변형'의 상징으로 원래부터 새가 아닌 물고기였다는데 있다. 지상에 있는 벌레보다 더 낮은 물속에 있는 존재라는 것이다.

물속에 있던 존재가 자유롭게 하늘로 날려면 창공이 있어야 하고 바람이 있어야 한다. 이렇게 물고기의 새로운 변신은 인간에게 습관화되고 굳어버린 사고방식을 뒤집음으로서 편견에서 벗어나게 하는 하나의 전환점이라 할 수 있다. 여기서 아마도 현실세계의 속박에서 벗어나 창공에서 이 세계를 내려다 볼 수 있는 붕새가 바로 우리 마음속에 자리 잡고 있는 '철학적' 태도이고, 현실세계에 속박되어 있지만 본인만 자유스럽다고 생각하고 있는 참새로서 스스로를 중심으로 여기는 '소아小我'로 세상을 보는 '나'일 것이다. 창공에서 자유롭게 날 자면 우선 세 가지 종류의 새를 알아야 할 것이다. 하나는 바람을 타고 나는 새(albatross)가 있고, 또 하나는 바람을 거슬러 날수 있지만 바로 지쳐서 죽는 새(partridge)가 있고, 또 하나는 이 두 가지 방식을 겸비한 새(swallow)가 있다. 자유롭게 창공을 난다는 것은 바람의 흐름을 잘 탈 줄 알아야하고 바람방향을 날개로 잘 조절해야 될 것이다. 이런 '자기변형'과 '의존성'이 병존해야 붕새가 하늘을 날 듯, 우리의 '습관화된 편견적 사고'을 뒤엎고 '마음'이 지향하는 대로 자유로운 정신경지에 들어설 것이다. 스스로 자신을 자신이 만들어 놓은 가목에 묶어놓지 말고 마음 열고 시야를 넓혀 '붕새'가 되는 날을 기대해 본다.

몰입하라, 신들린 것처럼! - 포정해우庖丁解牛

포정이 혜왕 앞에서 소를 잡아 해체하고 있다. 포정의 손놀림과 칼이 뼈와 근육 틈새를 드나드는 소리가 완벽하여 감탄하지 않을 수 없었다. 포정이 소를 다 해체하고 난 다음에 소마저도 스스로 죽었는지를 모를 정도이다. 혜왕은 포정이 소 해체 기술이 이런 경지까지인 지는 몰랐다고 하자 포정이 말하기를 내가 소를 해부할 때 사용한 것은 기술이 아니라 '도'입니다. 저는 처음 소를 해부할 때 눈에 들어온 것은 소 한 마리였습니다. 그러나 3년이란 시간이 흐르고 보니 해체한 소도 어마어마하게 많았고 경험도 많이 쌓였죠. 그리고 눈에 보이는 것이 소 한 마리가 아니라 소 몸체에 있는 근골과 혈관구조이며 이런 구조가 투명하게 보였습니다. 이때부터 저는 소를 해부할 때 심신心神으로 깨닫게 되어 신들린 것처럼 손이 놀려져서 눈으로 보면서 하는 것이 아닙니다. 보통 주방장들이 한 달에 칼 하나를 바꾸는 것은 찍고 자르기 때문입니다. 훌륭한 주방장은 1년에 칼 하나를 바꾸죠. 그것은 그가 자르기만하고 찍지 않기 때문입니다. 혜왕이 궁금해서 포정의 손에 든 칼은 몇 년 썼는가 라고 묻자 19년째 쓰고 있다고 포정이 대답했다. 그러나 지금도 금방 숫돌에 갈아 나온 칼처럼 날카로웠다. 그는 자르기만하고 찍지 않는다고 하였다. 나의 칼날은 소 몸체의 근육과 뼈 사이의 틈새를 헤엄치듯 자유자재로 드나들며 움직이기 때문에 소가 고통을 느끼지 않고 죽게 된다는 것이다. 혜왕은 손벽을 치면서 '너무 좋아, 자네 말을 듣고 나니 큰 깨달음이 오는군'라면서 잘 살아가는 방법養生之道를 깨닫게 되었다고 한다.

우리가 현실 생활에서 여러 가지 한계나 위기에 부디 치게 되는데 그 해결법을 '포정해우'에서 얻을 수 있지 않을 가 생각한다. 포정이 문혜왕에게 칼을 들고 소를 잡는 퍼포먼스를 하면서 나타낸 능수능란한 솜씨로 인하여 문혜왕의 감탄을 자아 냈다. 포정의 이런 기술(skill)은 그가 사물자체의 원인결과를 그대로 알고 있기 때문이다. 즉 실제 상황에서 우리는 소의 근육과 뼈가 얽혀 있음을 사람과 사람간의 복잡하고 미묘한 관계로 비유되어 사람을 대함에 있어서 무리하거나 함부로 해서는 안 됨을 메타포적으로 암시하고 있으며, 객관적 규칙을 지키면서 정신을 집중하는 흐트러짐 없는 마음 자세와 조심스럽게 마주치는 여러 가지 복잡하고 어려운 상황을 직면하라는 것이다. 포정은 실제 경험을 통하여 이런 방법을 장악하였기에 능수능란하고 여유가 있을 수 있었고, 칼날도 손상 하나 없이 새 것처럼 완전했던 것이다.

'포정해우'는 사실 실생활에서 경험을 쌓는 것의 중요성을 암시하는데 이는 '배움을 위한 길은 날마다 학문이 축적되는 것이고, 도를 위한 길은 이와 반대로 날마다 편견과 탐욕을 덜어내는 것이다爲學日益,爲道日損'라는 노자의 말과도 일치한다. 그러나 노자는 배움과 도를 향하는 길은 완전히 다르다고 하였지만 장자는 '기술을 통하여 도에 이른다'를 포정이 소를 해체하는 이야기를 통하여 우리에게 배움의 길과 도를 향하는 길은 같다고 언급하였다. 즉 예술 활동은 반복적인 훈련을 통하여 자아를 잃고 몰두함으로써 창작의 주체와 외적인 객체가 상대적인 대립적 관계를 조금씩 해소해 가면서 주체(자아)와 객체(타자)가

융합을 이루는 과정 즉 혼연일체가 되는 과정이다. 장자가 배우는 길의 중요성을 예술적 정신에 주입시켜 기교라는 통로로 도의 경지에 오르게 함으로써 노자가 해결하지 못한 문제를 해결했다고 볼 수 있다.

꿈을 꿔라! - 장주몽첩莊周夢蝶

어느 날 저녁 장자가 꿈에서 자신이 나비가 된 것을 보았다. 그가 날개를 치켜세웠더니 과연 나비 한 마리가 된 것을 보고 기뻐하고 있는 와중에 본인이 장자인지를 잊어먹게 되었다. 좀 지나서 그는 마음에 꼭 드는 나비가 바로 자신임을 깨닫게 된다. 그럼 대체 꿈에서 장자가 나비로 변한 것인가 나비가 꿈에서 장자로 변한 것 일까? 장자가 나비일 수도 있고 나비가 장자일 수도 있다.

이 이야기는 장자와 나비는 틀림없이 서로 다른 구별되는 사물이며 이런 전환을 '물화物化'라고 한다. 이런 변형은 프란츠 카프카(Franz Kafka)의 소설 〈변형〉을 연상시킨다. 카프카는 꿈을 통해 큰 갑충으로 변해 있는 자신을 발견한다. 소설은 이런 변형을 통하여 현대인들이 시공간의 속박을 받고 있음을 표현하였고, 현실생활의 실존과 부조리를 표현하였다. 장자의 나비도 카프카의 갑충과 마찬가지로 사람을 동물로 즉 나비로 변신시켜 나비를 통해 인간이 스스로 유쾌하고 자신의 뜻에 딱 맞는 상황을 표현하였고, 나비가 나플나플 춤추며 공간적 제약 없이 창공 여기저기를 훨훨 날아다니고, 유유자적하면서 시간적 속박 없이 날아다니며, 또한 초연하게 날아다니는 것, 이런 것들은 나비가 낡은 규칙의 속박과 율법의 중압감을 받지 않음을 나타낸다. 동시에 나비는 태양, 공기, 꽃밭, 과원에서 그 어떤 것에도 얽매이지 않고 살아감을 통하여 우리 삶이 나비처럼 아름다움 세계에서 활약하고, 따스한 해 빛과 신선한 공기, 아름다운 꽃밭과 향기로운 과수원에서 마음껏 섭취하고 마음껏 선택할 수 있는 인간이 가지고 있는 자아의지가 자유로움에 대한 부러움을 의미한다. 장자는 시적인 마음상태心境로 세상을 보고 인간세상의 아름다움을 감상하며 카프카의 갑충과 선명한 비교를 이룬다. 이 이야기에서 장자는 가장 중요하게 '자아'를 '타자'화 하는 즉 물화物化 관념을 돋보이게 하였다. 물화라는 것은 사물과 자아의 경계가 해소되어 하나로 융합함을 의미한다. 우주생명의 무한성으로 볼 때 모든 사물은 큰 블랙홀에서의 흐름이고大化流行 서로 의존하는 관계이다. 이런 형태와 형태간의 변화는 큰 공간에서의 하나의 고리로 이어지고, 이 하나의 공간으로 볼 때 개체의 죽음은 큰 공간으로의 회귀에 불과하다. 때문에 물화라는 개념으로 장자는 삶과 죽음을 융합하여 조화로움 속에서 대립시킨 것이다.

타자의 입장에서 생각하기! - 관어지락觀魚之樂

장자와 혜자가 호수濠水강 다리에서 물고기를 감상하고 있었다. 장자가 말하기를 '저 작은 흰색 물고기가 한가하게 놀고 있는 것은 물고기의 기쁨이겠죠.' 혜자가 묻기를 '당신이 물고기도 아니면서 어떻게 물고기의 기쁨을 알죠?' 장자가 대답하기를 '당신은 내가 아니면서 어떻게 내가 물고기의 기쁨을 모른다고 할 수 있죠?' 혜자가 설명하기를 '나는 당신이 아니니, 당연히 당신이 무슨 생각을 하는지 모르죠. 그렇다면 당신도 마찬가지로 물고기가 아니기에 물고기의 기쁨을 모르는 것이 당연한 것 아니겠소.' 장자가 이에 다시 답하기를 '자, 그럼 우리 사물의 근본적인 본질로 돌아가 봅시다. '당신이 어떻게 물고기의 기쁨을 알죠?'라고 나한테 한 질문은 당신이 이미 내가 물고기의 기쁨을 알고 있음을 눈치 채고 질문한 것이라고 볼 수 있죠. 그러기에 나는 지금 당신에게 당당하게 대답할 수 있는 것은 나는 이 호수濠水강 다리에서 알게 되었다고'

이 의미심장한 이야기는 장자와 혜자는 완전히 다른 사고 체계를 가지고 있음을 나타낸다는 것을 알 수 있다. 혜자는 이성적인 입장에서 주체(자아)가 어떻게 객체(타자)를 인식할 수 있는가에 대하여 질문한 것이다. 아마 이것은 동서양 철학사에서의 큰 과제이기도 하다. 논리성과 인식론의 입장에서 볼 때 혜자는 확실히 대답하기 어려운 문제를 질의하였다. 그러나 장자는 미학적인 입장審美心境에서 출발하여 감정을 사물에 기탁하여 표현하는 방법을 미학적인 경험 즉 주체(자아)와 객체(타자)사이가 서로 통할 수 있음을 이야기 했던 것이다. 장자는

'놀다游'라는 마음상태로 물고기를 감상하였으니 한편으로는 눈앞에 놓인 광경에 의해 감흥이 일어났고, 이 광경을 정서와 같은 마음으로 삼았기 때문이다. 다른 한편으로는 장자가 감정을 사물에 이입시켜 외적 사물을 퍼스널人情化화 시켰고 인간화人性化시켰기 때문이다. 혜자는 주체(자아)와 객체(타자)의 대립적인 입장에 섰기 때문에 주체가 어떻게 객체를 인식하는지를 이해 할 수 없었던 것이다. 장자는 오히려 우리를 사물의 근본적인 본질로 돌아가 사물과 사물 사이의 심성心性과 정성情性은 원초부터 통한다고 인식했던 것이다.

중국철학은 '내성외왕內聖外王'의 경지를 최고의 이상적인 인성수양으로 간주하여왔다. 이천년 넘게 중국역사에서 도가, 유가, 묵가, 법가들은 모두 장자가 언급한 이 '내성외왕'을 인생의 최고 목표로 삼고 인성 수양을 하여 왔다. 장자가 언급한 '내성內聖'는 열린 마음과 아름다운 마음으로 표현되고, '외왕外王'은 제물정신齊物精神과 다변적 사고를 가리킨다. 다변적 사고란 자기중심적인 사고를 깨고, 타인이나 사물에 대하여 동정심과 이해심을 보내라는 의미이며, 절대로 독선적 태도로 본인의 믿음과 도그마를 타인에게 강요해서는 안 된다는 의미이다. 제물정신이란 개체의 특수성으로 형성된 인식에서 여러 사람들의 장점을 채택하고 다른 집단의 생활방식을 존중하고 다른 문화의 특징을 감상할 수 있어야 한다는 의미이다.

장자는 많은 우화 같은 이야기를 통하여 '도'를 설명하고, 도는 사람의 마음에 있으며心齋, 크나큰 우주 물질세계는 흩어졌다가 응집되고 응집되었다가 또 흩어지는 '기氣' 흐름을 통하여 설명하였고, 만물의 존재모습과 운영메커니즘을 '이理'로 설명하였다. 위의 예문 '곤붕전시'은 아무런 구속 없이 자신이 마음먹은 대로 행 할 수 있는 '자유로운 마음'을 갖게 하여 우리의 시야를 넓혀 주었고, 우리 인간이 유한한 조건에 속박되지 않는다는 것은 신과 같은 자유를 가리키는 것이 아니라 현실적으로 가능한 상태의 자유를 의미하는 것이다. '포정해우'를 통하여 장자는 우리에게 '도'는 마음에 있음을 상징적으로 보여주었다. 눈으로 보지 말고 심안心眼으로 보고, 귀로 듣지 말고 마음의 귀心耳로 듣고, 듣지 말고 기氣로 행하고, '심신心神'이 원하는 대로 즉 '신'들린 것처럼 유유자적 하게 움직이라고 장자는 우리에게 가르침을 주었다. 이런 가르침이 우리에게 던지는 미션은 삶의 목표를 실현하기 위한 '소요유逍遙游'로 통할 수 있는 원리를 가르쳐 준 것이다. 포정처럼 자의식을 잃고 '소'와 같은 타자 혹은 물체와 연결하기 위하여 노력에 노력을 가하여야 한다. 꿈이란 자신이 만든 프레임에 하나의 '환상'을 만들어 놓고 타자로 인지하게 하는 스킬을 알려 주었다. 그러나 이런 획기적인 형태의 변신은 타자로의 변이를 통하여 하나임을 나타내려는 것이다. 즉 자신이 꿈꾸면서 꿈꾸고 있는지를 모르고, 꿈꾸면서 또 어떤 꿈을 해석할 지도 모르는 존재이다. 장자는 또 꿈이란 매개체를 통하여 '초월'이라는 개념을 우리에게 심어 주려 했던 것일 거다. 초월이라는 개념은 서양 철학자에게 아주 익숙한 매체이다. 플라톤은 '초월'개념을 이데아로 표현하였고, 하이데거(Heidegger)는 '초월'를 존재로 표현하였고, 노자는 '초월'을 '도'로 표현하였고, 주희朱熹는 '초월'을 태극으로 표현하였다. '관어지락'을 통하여 장자는 세상만물은 모두 서로 '소통'할 수 있음을 알려주었다. 주체가 타자의 입장에서 타자가 주체의 입장으로 혹은 자아와 자아 내에 있는 타자와도 '소통' 할 수 있음 알려주었다.

제2장 영화:
영화를 통한 시대적 흐름 속에 놓인 중국인 삶

2.1 '인성'과 '인욕'

'인간이 인간다워야 하고, 남자는 남자다워야 하고, 여자는 여자다워야 하고, 교사는 교사다워야 하고...' 참 어렵고 참 쉽다. 그러나 여기에는 이미 두 가지 명제가 들어가 있다. 인간이란 무슨 의미인가? 인간다워야 함은 어떤 함의인가? 수많은 동물에서 인간은 동물적으로 자아발육과정을 손수 할 수 없다. 영아기와 유아기까지는 타인의 보살핌을 필요로 하고, 소년기와 청소년기는 사회적응 능력을 키우기 위하여 9년에서 12년 학습력을 키운다. 이 시기 우리의 몸은 완전한 '인'으로 성장하여 '성인'이라는 타이틀을 가지고 산다. 성인이라는 타이틀로 살면서부터 우리의 의식 발전단계가 시작 된다. 그래서 공자 시대는 평균 수명이 아주 짧았음에도 불구하고 공자는 신체적 발달단계와 정신의식의 발전단계를 아주 명확하게 언급하였다. '나는 열다섯에 학문에 뜻을 두었고, 서른에 공부한 내용에 대해 확고한 내 입장을 갖게 되었으며, 마흔에는 내 삶의 방향에 대해 의심스러운 것이 없게 되었으며, 쉰 살이 되어서는 모든 세상사에 하늘의 뜻이 있음을 알게 되었으며, 예순이 되어서는 무슨 이야기를 들어도 거슬림이 없이 마음속으로 받아들이게 되었으며, 일흔에는 마음속에서 하고자 하는 것을 그대로 따르더라도 사람이 따라야 할 일정한 법도를 넘어서지 않게 되었다'라고 하였다. 젊어서의 배움은 꿈을 실현하여 안정한 삶의 실천을 하려는 것이고, 중년의 배움은 공허한 마음을 보충하기 위함이고, 노년의 배움은 천천히 음미하고 스스로 인생 즐거움의 경지에 달하는 의미라 풀이할 수 있다. 특히 오늘과 같이 모든 새로움을 학습해야 되는 4차 산업혁명시기 우리에게 배움이란 더욱 그러한 것 같다. 그렇다고 공자가 애기하는 배움은 지식을 공부하는 것 뿐 만 아니라 더 중요한 것은 사람이 살아가는 이치를 배움을 통하여 터득한다는 의미이다.

고대 중국에서 인간의 본성은 어떻게 존재하는가를 해명하기 위하여 성性을 (타어나면서 지니는 마음이 선한 것인가 악한 것인가) 도덕적 정치적 가치로 평가하였다. 인간은 태어나면서부터 선한 사람과 태어나면서부터 악한 사람 두 종류로 구분하였다. 맹자의 성선설性善說에 의하면 인간이 태어나면서 아래와 같은 마음을 가진다고 한다. 인仁으로부터 나오는 타인의 불행을 불쌍하게 여기는 측은지심惻隱之心, 의義에서 유발되는 자기의 악을 부끄러워하는 수오지심羞惡之心, 예禮에서 나오는 사양하는 사양지심謙讓之心, 지智에서 나오는 옳고 그름을 판단하는 시비지심是非之心을 가리킨다. 선을 실천할 수 있는 가능성은 이

점에서 성인이나 백성을 평등하다고 보는 인간관人間觀이 탄생한 것이다. 만인을 평등하게 볼 수는 있다는 것은 이상적인 담론이고 현실 속에서 모든 사람이 평등해야 한다는 것은 인류가 오늘날에도 지향하는 이상이기도 하다. 다만 이론적으로 인간의 성을 도덕적이고 정치적인 존재 방식의 철학적 프레임에 넣은 것은 사실이다. 인간의 선천적인 욕망과 감정을 후천적인 도덕적 선과 도덕적 불선不善한 개념 범주에 넣어 논한다는 것은 맞지 않음을 인지하고 인간의 존재방식은 물질적 '욕慾', 정치적 '욕', 관능적 '욕'이 무한대를 추구하기 때문에 인간이 인간에 대하여 '투쟁'이 발생하고, 나라와 나라 지간에 '전쟁'이 일어나고, 사회내부에 '갈등'이 생긴다고 보는 도가의 대표 학자인 순자荀子는 성악설性惡說을 주장한다. 그는 이런 투쟁, 전쟁, 갈등을 합리적으로 해결하기 위한 대책으로 '예禮'와 '분分'이라는 이념을 사회규범으로 채택했다. 이런 문제의 제기와 해결책에서 한 발자국 더 나아가 인간은 모두 안정감과 이익을 추구하고 위험한 것과 손해 보는 것을 피하는 존재라고 생각한 한비韓非는 '법치주의'를 주장하였다. 이때 고대 중국에는 이미 '신상필벌信賞必法'이 적용되어 공을 세운 이에게는 상을 주고 그러지 못한 이에게는 벌을 줘서 군주의 손발이 되게 하고 모든 하부 기관이 기능을 하고 다시 그 기관들이 백성을 통치할 수 있는 제도적 기반이 세워졌던 것이다. 이렇게 인간의 성은 순수한 성에서 악한 성으로 규명되고, 이를 절중하는 법적상벌이라는 인간의 욕에 바탕을 두고, 법치를 세운 것으로 인간의 성에 대한 기초이론이 마련된 것이라고 볼 수 있다. 인간의 성에는 상, 중, 하가 있다는 성삼품설性三品說이 나타나면서 중간층서민과 하층민을 통치하기 위한 수단으로 사용되었다. 철학적 사상흐름으로 볼 때 당시 불교와 도교는 모든 인간은 평등하며 인성의 전환도 가능하다고 주장하였는데 이는 위에서 논의하고 계승 발전해 온 유교의 사상적 이념과 완전히 상반된 방향으로 가고 있었다. 그러나 유학의 계승자인 한유韓愈는 성인은 본래 태어나면서 아는 자라는 것과 학문에 의해 성인에 도달할 수 없다고 하면서 전통적 성삼품설을 반대하였고, 이를 이어 주자朱子도 인간은 모두 몸을 가지고 태어나기 때문에 상지上知인 사람도 하우下愚인 사람도 모두 인심人心이 있을 것이라고 함으로써 물리적 형태를 가진 자에게는 신심身心인 본성이 갖추어져 있음을 언급하면서 상지인 사람에게도 하우인 사람에게도 모두 도심道心이 있다고 언급하였다. 이렇게 인간 본성에 대한 논의는 고대 중국에서 한 단락을 짓고 새로운 한 발자국을 내 디딜 준비가 마련되었다. 송나라에 들어서면서 모든 사람이 태어나면서부터 갖추고 있는 천리天理가 모든 사람이 갖고 있는 욕망으로 드리워져 표면으로 드러나지 않는다고 주자가 언급하면서 원래 '성선性善'이 되었어야 할 '인간'이 나쁜 짓을 한다고 언급하였다. 그래서 모든 악의 근원은 인용人慾에서 비롯되고 욕망을 극복하고 본래 그렇게 되어 있어야 할 모습으로 사는 것이 훌륭한 인격체라고 설명함으로써 공자가 언급한 '극기복례克己復禮'의 뜻과 같은 맥락을 이룬다. 인성에 대한 이러한 해석은 유가의 '성선설'과 순자의 '소년은 빨리 늙고, 배움은 이르기 힘들다'라고 언급한 내용은 포용성을 지니고 있다. 사람은 만물의 영장으로 선한 자질을 가지고 태어나서 인욕으로 어두워진 마음을 사물의 도리를 알아서 깨닫고致知, 뜻을 정성스럽게 하고誠意, 마음을 바르게正心하면 조금의 인욕도 없는 성인聖人이 될 수 있다는 것이다. 그러나 이 와중에도 태생적인 선한 면보다 후천적인 인욕을 극복하는 노력이 더 필요함을 강조하였다. 이런 인간본성에 대한 논의 속에서 고대중국인들은 인간이 성인으로 가는 길을 열어놓았다는 것이 아주 중요하다. 그럼에 불구하고 이것을 우주세계와 인간세계가 같은 원리로 작동함을 설명하기 위하여 보이는 물체를 상대로 보이지 않는 물체에 대한 사상 즉 '기氣'라는 개념이 존재한다고 주장한다. 이렇게 사물을 이면구조로 설명하면서 노장사상이나 유가사상이 사용했던 '도'학이 주자에 이르면서 '이理'학으로 글자가 바뀌면서 내용도 좀 더 정밀해진다. 즉 현실에서 물체와 물체는 기氣로 구성되고 기에는 맑은 기와 탁한 기가 있는데 만물이 본래의 질서는 맑은 기가 흐를 때이다. 인간도 마찬가지로 본연의 성이 '이理' 자체이고 선한 것이며, 기질氣質의 성에 탁함도 포함되어 있기에 인간의 성에 사악함이 있을 수 있다는 것이다. 때문에 우리는 본연의 성으로 회귀하기 위하여 수양修養을 해야 한다는 것이다. 이렇게 되어 '이기론理氣論'이 구축되고 이런 이론의 구축으로 인하여 주자학의 '이기론'은 국가공인 학설이 되면서 과거시험에 통용하게 되었다. 이때로부터 고대중국의 세계관이 상식화되기 시작된 것이다. 인성론의 기질로서의 성과 본연으로서의 성이 존재한다. 더 구체적으로 설명하자면 기질의 성은 현실적으로 드러나는 인간의 육체와 감정에 의해 드러나는 성이고, 본연의 성은 인간이 태어나면서 선한 성을 갖추고 있다는 것이다. 그러나 항상 기질의 성에 드리워져 있기에 여러 가지 욕망을 억제하고 마음을 안정하고 고요하게 하면 맑고 향기로운 기질이 드러난다는 것이다. 인간이 가지고 있는 여러 가지 욕망이나 감정을 억제하지 않고 잘 다듬어서 올바른 방향으로 가능케 할 수 있게 수양하면 된다고 믿기 때문에 본연지성과 기질지성은 이원적인 개념에서 일원적인 개념으로 통합된다. 드디어 인간의 욕망과 감정을 용인하고 받아들이는 위대한 시대를 맞이할 수 있는 초석이 마련된 셈이다. 다시 설명 하자면 인간이 가지고 있는 감정이나 욕망은 억제되어야 할 대상이 아닌 올 바르게 드러나야 할 대상으로 간주되었다는 의미이다. 인간의 욕망을 원리적으로 긍정하기 위하여 공자는 '성은 서로 가깝고 습은 서로 멀다性相近, 習相遠'라고 한 언급을 기반으로 악은 습관習慣에 의한 것, 즉 교육이나 가정환경과 주변 환경에 의한 것이라는 사고방식이 정착하면서 인간의 본성은 개인의 도덕적 수양과 사회적 교육, 즉 인격적 수양과 타고난 재능 발견으로 확립되었다. 욕에서 확장 될 수 있는 것은 아마도 사회적 생존욕일 것이다. 청대 중엽에 들어서면서 사회적 생존관계의 욕망은 원래그대로의 자연 즉 이성理性에 의해 자연스러운 사회적 공동 생존으로 귀결되는 것이 사회의 원래 존재방식이라 주장한 대진戴震의 인성론이 있다. 이렇게 대진의 인성론은 도덕적 이상주의 인성론에 도달하게 된다. 명대에는 도덕의 기능을 백성들에게 확산시키고, 욕망을 긍정하고 수양방법을 가리키게 되었다. 그러나 수양방법은 일반서민에게는 적합하지 않았고 관료나 지식인들만 가능했던 것이다. 이때 왕양명王陽明은 인간의 성性과 인간의 정情을 대면시킨 마음 자체가 바로 이理라 주장하면서 심즉이心卽理라는 사상을 언급하였다. 뿐만 아니라 그는 이에 기초한 방법론인 치양지致陽知까지 기술하였다. 즉 인간 마음에 있는 양지를 전면적으로 발휘하고 양지에 따라 한 행동은 선이 되고 양지에 근거하여 한 행동은 규범과 같이 속박을 받지 않는다고 설명을 붙였다. 때문에 백성들에게는 '마음의 등을 켜라'와 같은 누구에게나 선천적인 도덕 능력으로서의 양지가 있으며, 그 양지는 자발적인 자기 전개를 할 수 있게 하는 교육적 방법론이 탄생되면서 서민들의 도덕적 의식제고가 가능케 된 것이다. 백성을 감화시키는 수기치인修己治人은 관료나 지식인들의 도덕수양으로 정착되고, 백성들은 선천적 도덕 능력으로 사회질서에 참여하는 도덕수양으로 정착하게 되었다. 이렇게 고대 중국은 법보다는 도덕에 의거하는 것을 기본으로 하는 사회적인 질서 수립으로 전환되게 된 것이다. 근대에 들어오면서 사회적 도덕의식이 관료층에서 백성층으로 확산되면서 사회질서유지를 담당한 관료들은 백성들의 도덕의식의 실천에 앞장서면서 백성들의 관혼상제나 일상생활 예법에 〈주자가예朱子家禮〉나 〈소학小學〉 등과 같은 것을 기반으로 가정문화에 녹여 들어갔는데 이것이 바로 예교禮敎이다. 예교는 대중화와 더불어 서민층까지 확산되면서 서민층의 정신운동으로서의 도덕적 질서가 되었고 백성들은 이런 도덕적 질서 체제 속에서 능동적 혹은 피동적으로 참여하게 되었다. 즉 백성들이 도덕적인 자기각성을 이루게 됐다는 의미로도 풀이할 수 있다. 이렇게 중국역대를 거쳐 유교의 도덕의식은 사회질서의 근간이 된 것이다. 유교의 성선설에서 시작하여 성악설, 성삼품설, 이기론, 습관론, 심즉이까지 거쳐 인간이 태어나면서 가지고 있는 순수 성은 욕 혹은 정과 분리시켰다가 또 하나로 묶는 과정에서 사물사이의 흐르는 기로 설명하기도 하고, 이로 설명하면서 인간의 사회적 생존본능으로 승화되어 도덕적 규범으로써 사회질서 유지로 마무리 되었다. 이런 인성론은 개인의 도덕성과 사회적 생존욕 사이의 조화를 이룸으로써, 육체의 욕정欲情에 대한 이성의 조절調整이라는 현대적인 인성관과 교육관에 접목된 것이다. 송대부터 명청에 이르면서 인성론은 이렇게 기나긴 시간을 통하여 관료층으로부터 서민층까지 확산되고 스며들면서 중국인들의 인성론을 구축한 것이다.

위와 같이 인간은 사회적인 동물로서의 도, 예, 이라는 것으로 묶어 도덕적인 자아각성이 필요하지만 인간에게 이보다 더 중요한 본능적인 욕이 있다는 것을 잊어서는 안 된다. 즉 음식남녀飮食男女와 같은 본능욕은 예나 지금이나 부정된 적이 없다. 비록 사회체제나 이즘이 바뀌어도 이것은 인간사회가 지속되는 한 중국과 같이 정책적으로 억제하거나 장례와 같은 정책으로 조절은 하여왔다. 인간의 본능적인 욕망과 사회적인 욕망이 따로 따로 나타나는 것은 아니다. 집대성되어

나타나기도 하고 함축되어 나타나기도 한다. 의식주衣食住가 인륜人倫 도덕이고, 인간에게 가장 중요한 것이며, 이것이 충족되어야 논할 수 있는 것이 사회적 도덕항목들이다. 인간의 생존욕과 의식주문제을 존경하지 않는 사회는 사회로서의 기능을 잃어간다고 봐도 무방할 것이다.

2.2 쿵푸에서 다시 쿵푸로 재도약

어떤 문학 장르를 막론하고 그 등장인물은 모두 '관계'를 통하여 형성된다. 자연과 인간사회의 관계, 사회적 내부 관계, 사회와 가족관계, 가족 내부 관계 등으로 구성된 수많은 관계들로 인하여 창조된 집대성한 캐릭터들이다. 더 간략하게 보면 사물과의 관계에서 나타나는 긍정 맨 이미지 즉 성인, 위인, 강자, 능력자, 지혜로운 자와 그 반대에 선 캐릭터거나, 인간과의 관계에서 나타나는 귀인, 연인, 부부, 혈육, 가족, 친구, 지기와 그 반대의 함의를 지닌 캐릭터이다. 우리는 세속적으로 유혹을 견뎌내면 성인이라 칭하고, 고독을 견뎌내면 위인이라고 칭하고, 빈곤을 변화시키면 강자라 하고, 평범한 일상생활의 무료함을 받아들이면 능력자라 하고, 이치에 따라 살면 지혜로운 사람이라 하고智人, 곤경에 처했을 때 도움을 주는 이를 귀인이라 하고, 남녀사이에 불꽃이 일어나면 연인이라 하고, 감정의 시련을 참아내면 부부라

하고, 생활고를 버텨낼 수 있으면 혈육이라 하고, 생노병사를 같이 겪을 수 있으면 가족이라 하고, 문안인사를 잊지 않고 하는 이를 친구友人라 하고, 이런 것을 받아들일 수 있으면 지기知心人라 한다. 민족, 신앙, 이즘, 나라에 따라 조금은 다르고 시차가 조금 존재하지만 우리는 기술의 발명과 더불어 오늘을 공유하고 있다. 1784년 수력 증기기관을 활용한 철도, 면사방직기계와 같은 1차 기계혁명, 1870년대부터 시작된 전기동력을 기반으로 한 컨베이어벨트를 이용한 대량생산이 가능한 2차 공업혁명, 컴퓨터를 이용한 생산자동화를 통한 대량생산 진화로 이어지는 3차 산업혁명은 업무용 메인프레임 컴퓨터, 개인용 컴퓨터, 인터넷 등을 통한 정보기술 시대의 막을 열었다. 1890년대에 시네마토그래프(Cin matographe)가 발명되면서 프랑스의 발명가 뤼미에르(Lumi re) 형제가 첫 영화를 제작하고 흥행시키고 배급까지 하였다. 중국에서 첫 영화탄생은 아주 중국적이다. 1905년에 유명한 북경오페라 예술가의 환갑을 축하하기 위하여 오페라 '정군산定軍山'을 촬영하고 창부분과 대사부분은 삭제하고, 퍼포먼스 위주로 3개 신을 연결하여 스토리화한 것이 첫 영화라 할 수 있다. 프랑스에서 영상기기와 필름을 사서 햇빛을 이용하여 촬영을 완성하였다. 고대 중국의 4대 발명 중 하나인 화약 발명은 연단술煉丹術로 인하여 연단할 때 사용하는 화약에서 시작되었으며, 이 화약발명은 여전히 집안 조상들과 어른들의 제사나 생일에 축하의 세레모니로 폭죽을 만들었던 것이다. 이와 같이 첫 영화의 탄생과 화약의 발명도 모두 효심을 위한 것이다. 고대중국이든 근대중국이든 인간성의 본질 유지를 위한 사회질서에는 '孝'와 '禮'가 축으로 되어 있다는 것을 알 수 있다. 또 다른 방면으로 11세기 무렵에 발명된 인쇄술은 16세기 이후 서적 인쇄로 증가되면서 과거시험을 위한 모범답안문과 백과사전, 소설과 희곡 시집들이 출판하였다. 이시기에 출판된 〈수호전(All Men Are Brothers / Water Margin)〉는 중국 문학의 리얼리즘이 확립된 시기라고 볼 수 있다. 즉 리얼리즘 문학의 창작방법으로 쓰여 진 작품이다. 다시 말하자면 〈수호전〉는 작가의 문장을 통해 사건을 만든다. 만약 사건의 전개를 미리 알고 있는 것을 문장으로 완성하는 것은 역사서나 기록서와 같이 문장을 통해 사건을 전달한다면, 〈수호전〉같은 문학작품은 작가의 창작정신이 붓에 전달되고, 캐릭터화 된 등장인물들은 그 붓 끝에서 창조되고, 스토리들은 캐릭터들의 움직임에 따라 전개되는 형식 즉 문장을 통해 사건을 만든다. 이렇게 리얼리즘을 인간의 사회적 본질에 공통적으로 흐르게 하는 전통적 문학작품에 바탕을 두고 인간성을 탐구했다는 점을 우리는 특히 중국 4대 고전작품 〈수호전〉, 〈삼국연의(Romance of the Three Kingdoms)〉, 〈서유기(Journey to the West)〉, 〈홍루몽(A Dream of Red Mansions)〉의 캐릭터를 분석하면 쉽게 그 답을 찾을 수 있다. 고도로 이미지화된 인물들과 그 스토리는 오늘을 사는 우리와 별 거리감 없음을 알 수 있다. 이런 장회 소설은 민간의 입에서 입을 통한 소재에서 이야기꾼들의 입을 통해 다시 작가의 손을 거친 장회소설들은 직간 접적으로 인간성이 있는 곳에 '도'가 있고 '도'가 있는 곳에 '마음'이 있으며, 도가 없는 곳에 마음도 없다는 중국식 문학의 리얼리즘 혹은 비판적 리얼리즘을 통하여 '도가 실재된載道' 특징을 띠고 있다.

무성영화에서 유성영화로, 흑백에서 칼라로, 필림에서 디지털로 산업혁명의 보조에 발 맞추어 영화산업은 휘황한 발전을 가져 왔다. 오늘날 클라우스 슈밥(Klaus Schwab)이 다보스포럼(World Economic Forum)에서 제4차 산업혁명이라는 용어를 사용하기 시작하면서 세계는 지금 4차 산업혁명의 중요성과 그 파괴력을 인지하고 이해하려고 노력중이다. 유비쿼터스 모바일 인터넷, 저렴하면서 강력해진 작은 센서, 인공지능과 기계학습이 산업혁명의 특징이라 할 수 있다. 4차 산업의 진행속도와 범위는 종전과 완전히 다르며, 특히 수 많은 분야와 발견이 끊임없이 융합하고 조화를 이루는 독특한 습성을 지니고 있다. 융합과 조화로 인한 과학기술이 상호의존 하여 창출한 획기적인 상품이 바로 공상과학소설이 현실화 되고 있다. 인간의 생각이 빚어낸 상상이 현실로 된 세상이 된 것이다. 4차 산업혁명은 인터넷 통신망으로 인한 초연결성, 빅데이터를 통한 초지능성, 이로 인한 인간 행동에 대한 예측가능성을 가능하게 하는 시대라고 기술할 수 있다. 비약적으로 급증하는 연산력과 방대한 데이터로 인하여 문화적 관심사를 예측가능하게 하는 알고리즘 개발로 인하여 문화산업은 전례 없는 부흥기에 들어서면서 문화산업의 일환인 영화산업도 전례 없는 다양성을 보여 주고 있다. 블록버스터 급 할리우드 상업영화 마저도 하나의 영웅에서 영웅이 공존하는 인물 캐릭터를 선보이고, 유튜브를 통한 미니멀 에피소드 제작까지 가능한 범위가 열린 것이다. 인공지능(Artificial Intelligence: AI)활용은 거의 모든 분야에서 끼치는 영향력은 가히 상상이상이다. 영화도 자연계를 파괴하여 자연계의 보복을 다룬 주제에서 인간이 만든 AI들의 반란을 다룬 주제로 그 상상력을 이어가고 있다. 그렇다 하여 4차 산업혁명이 분열적이고 비인간적인 것이 아니며 우리는 여전히 인성, 인욕을 가진 사회적 인간 즉 인간 중심이 되고 감정이 더욱 중요시 되는 시대임이 틀림없다는 것을 인지하고 있다. 다시 우리로 하여금 인간이란 무엇인가에 대한 개념을 재정립하게 하고 있다. 인간 수명과 건강, 그리고 능력의 한계점을 기술혁신으로 인해 확장가능하게 된 것이다. 인간이 어두움을 가장 두려워서 '귀鬼'라는 개념으로 어두움에 대한 두려운 마음을 개념화하고, 자연은 두렵고 존경의 대상으로 여겨 '신神'이라는 개념이 생기면서 샤모니즘이라는 문화를 창조하고, 이어 종교, 이즘과 같은 문화가 생기게 되었다. 이렇게 인간의 감정을 통하여 사물를 개념화 하고 문화를 생산한다. 오늘날과 같은 과학기술 발전과 함께 이러한 고대 문명들은 좋은 것 나쁜 것이란 구별이 없이 서로 존중하고 이해하는 단계에 들어섰다고 봐야 할 것이다. 인제 인공지능의 반란을 두려워하면서 우리의 상상과 현실, 과거와 오늘, 지구와 우주, 인간과 동물, 유생물과 무생물 사이는 융합과 조화를 가능케 하고 있다. 이런 가능성을 극대화로 표현하는 것이 문학이고 이 문학은 또 영화라는 수단으로 표현된다. 성을 쌓는 자는 망하고 이동하는 자는 살아남는다는 속담과 같이 창의력을 발휘하여 상상이 현실로 가능케 하는 세계가 되었다는 말이다. 영화라는 장르는 이 모든 것을 과학의 힘과 인문학의 콘텐츠에 힘입어 인간이 생산하고 창조해낸 다원적이고 다양화한 문화를 이해하기 쉽고 전달하기 쉽게 코드화 하여 전달하는 대중매체이다. 다가 올 영화산업은 인간과 기술이 서로 조화를 이루어 만들어내는 더욱 새롭고 중요한 산업으로 성장할 것이다. 인간사회는 수세기를 거쳐 심리학적, 도덕적, 사회적 개인으로 눈을 떴는데 오늘과 같은 인터넷과 인공지능, 인간게놈프로젝트와 같은 과학기술 혁명시기에 들어서면서 우리는 인간으로서 다시 정신적이고, 마음적이며, 영혼적이며, 몸을 가진 우리 인간의 존엄을 되찾아야 하는 전환기에 있으며 사람과 문화 그리고 가치가 더욱 중요한 시기에 놓여져 있다. 우리는 글로벌한 문명사회 진입을 앞두고 영화라는 장르로 우리의 공동운명체 의식을 바탕으로 새로운 공동의 윤리의식 구축을 위한 노력도 필요하다고 생각 된다.

중국 영화하면 쿵푸(kungfu)가 가장 먼저 이미지화 될 것이다. 세계에 널리 알려진 것이 바로 쿵푸 무술영화이기 때문이다. 20세기 중반부터 후반까지 특히 홍콩, 대만에서 제작한 무술영화는 아세아에서 확고한 팬 층을 확보하였고, 나아가 세계로 전파할 준비도 되었다. 주로 김용金庸 소설을 영화화한 것인데 그 스토리는 아주 간단하다. 주제는 가장 중국인다운 면을 보여주는 '복수報仇'를 중심으로 '은혜恩惠'

와 '신의信義'로 풀어가는 주제이다. 인간과 인간의 사회적 생존욕에서 일어나는 갈등관계를 '군자의 복수는 세월에 연연하지 않는다君子報仇十年不晩'와 같은 주제로 뜻만 있다면 복수함에 있어서 조바심을 내지 말고 비록 그 시간이 아무리 길어도 즉 세세대대로도 이어져도 기회를 기다려 라는 메시지를 담고 있다. 게다가 쿵푸는 한 인간의 몸의 단련을 통하여 정신적 경지에 다다르는 최고의 심신 수련방법이기에 쿵푸는 몸과 마음을 다스리는 수양법으로도 알려져 왔다. 〈관원갑(霍元甲)〉, 〈사조영웅전(The Legend of the Condor Heroes)〉, 〈천룡팔보(The Demi-Gods and Semi-Devils)〉, 〈소오강호笑傲江湖〉,〈록정기(Royal Tramp)〉 와 같은 작품들은 인간과 인간사이의 따스함, 그리고 인간과 인간 사이에 지켜할 도덕적 신의를 '베풀어준 작은 은혜 죽어서도 갚는다滴水之恩涌泉相報'와 '군자의 한 마디 말은 빨리 달리는 말도 따라잡을 수 없다君子一言, 駟馬難追'와 결합된 무술영화형식으로 스토리를 전개해 나간다. 씨이찐핑 중국국가 주석이 브릭스 지도자(BRICs leaders) 회의 참석하여 기자간담회의에서 중국인은 '군자 한 번 말을 내 뱉으면 꼭 그 신의를 지킨다'라는 속담을 사용하여 고대 중국 역사에서 변법을 실행하기 위하여 백성들의 믿음을 얻는 고대중국변법가의 이야기를 하였다. 즉 상앙商鞅이라는 개혁가가 성실하고 믿음이 있는 사회풍조를 수립하기 위하여, 성 남문에 놓인 묵직한 나무를 북문까지 옮기는 사람에게 상금을 준다고 약속하여 백성의 믿음을 얻고 변법變法를 실행했다는 이야기이다. 즉 중국은 과거나 현재나 신의와 신용을 지키며, 중국이 발전을 하더라도 국제사회와의 약속을 지키며, 중국의 패권주의에 대한 우려와 걱정들을 잠재우려는 노력이라 할 수 있다. 이런 맥락에서 중국은 개혁개방과 동시에 짜앙이모張藝謀를 대표주자로 하는 1세대 감독들이 나타났으며 이들은 주로 서민의 삶을 통하여 인간성에 대한 이야기를 주제로 한 영화를 찍기 시작하였다. 인간성에 대한 존중, 사회의 큰 환경 속에서 인간성의 파멸과 왜곡, 그리고 삶에서 영영 잊어버리고 싶은 시대를 통하여 인간성으로의 회귀로 돌아오는 면을 주로 부각하여 영상화 하였다. 이는 중국사회가 봉건사회에서 사회주의 사회로의 패러다임 전환, 사회주의 계획경제체제를 위한 '문화대혁명', '개혁개방'이라는 자유경제체제로의 전환을 겪는 백성들의 삶을 통하여 중국의 근현대사에서 중국인들의 인간성을 재조명하여 생생하게 보여 준다. 현대 중국인들은 환경체제 변화로 인한 도덕성의 상실이 인간성의 회복으로 회귀하는 치유과정에 처해 있으며, 여기에서 '가족'이라는 프레임을 통하여 인간성이 파멸에서 회귀로 전환하는 과정을 기술하려 한다. 중국의 경제가 성장함과 동시에 중국영화는 세계무대에 도약하는 기회가 생겼고, 중국의 힘을 보여 주는 영화 〈패왕별희(Farewell My Concubine)〉와 〈와호장룡(Crouching Tiger, Hidden Dragon)〉과 같은 명작이 만들어 진 것이다. 이 영화는 중국 대륙과 대만, 홍콩, 말레이시아에 거주하는 중국인華人들이 감독하고 연출하고 연기한 작품이기에 그 의미가 더 크다. 현재 중국영화산업은 세계화의 코드와 맞추면서 새로운 길을 모색하는 단계라고 할 수 있다.

무명화 - 와호장룡(Crouching Tiger, Hidden Dragon)

대협객인 이모백李慕白의 청명검을 둘러싸고 일어난 강호세계의 이야기이다. 4백년이나 되는 이 검은 수많은 사람의 목숨을 빼앗고 수많은 사람을 다치게 했다. 이 검을 연인인 유수련兪秀蓮를 통해 북경에 보낸다. 이것은 그가 수많은 원한이 맺힌 강호세계와 작별함을 의미한다. 그러나 이 검이 도착한 당일 도둑맞게 되고 이 도둑은 신강新疆에서 막 발령 받아 온 치안관의 집으로 사라진다. 검을 찾아 나선 유수련은 치안관의 딸 옥교룡玉嬌龍을 범인으로 지목하고 여러 번 검을 내 놓으라고 암시하지만 실패한다. 옥교룡은 얼굴에 복면을 쓰고 검을 돌려주려 가다가 이모백과 마주치면서 두 사람은 정면대결을 한다. 두 사람이 정면대결하고 있는 사이 이모백은 자신의 사부를 죽인 벽안여우碧眼狐狸를 발견하고 그의 뒤를 쫓아가지만 결국 놓치고 만다. 이렇게 이모백은 검을 찾으려고, 사부를 죽인 원쑤를 찾아 복수하려고 나선다. 옥교룡은 벽안여우의 비밀제자이고, 벽안여우는 그녀의 집에 은닉하여 산다. 옥교룡은 비밀서적을 통해 수련하여 이미 사부를 능가하는 무당고수가 되어 있었다. 신강에 있는 애인을 잊지 못하고 있던 옥교룡는 부모님이 중매결혼을 시키자 화김에 집을 나와 강호에서 떠돈다. 안하무인인 옥교룡은 강호에서 꼬마마귀로 통하면서 행세하고 다닌다. 검을 찾아 나선 이모백와 유수련의 여러 번 대결을 통하여 옥교룡이 보기 드문 무술고수임을 알고 화를 다스리게끔 인도해 보지만

별 효과를 보지 못한다. 그러던 중 이모백은 사부를 죽인 원쑤 백안여우와 대결하다가 그의 독침에 맞아 죽는다. 옥교룡은 유수련의 권고로 무당산에 가지만…결국 높은 무당산에서 깊은 계곡으로 몸을 던진다.

이 영화 스토리는 아주 간단하다. 즉 '검을 도둑 맞는다. 검을 찾아 나서고 원쑤를 만나 대결하는 과정 둘 다 죽는다. 검 도둑은 검과 같이 계곡에서 투신한다.' 이런 스토리를 통하여 우리는 선과 악의 대립, 욕망과 이성의 대립, 참회와 선택을 읽어 낼 수 있다. 도구로서의 기능을 하는 검(타자)이 선을 지향하는 사람의 손에 들어가면 인을 실천하고, 그렇지 않으면 사람의 목숨을 빼앗거나 사람에게 상처를 낼 수 있다. 도구로서의 '검'이 곧 '마음'이고 '검'이 없으면 '그 마음'도 없음을 설정하고 검을 내려놓음으로써 검에 깃든 한 많은 마음도 내려놓는다. 즉 중국식 리얼리즘의 특징을 적나라게 보여 준다. 도구로서의 검을 내려놓는 선택은 성현으로서 '인'을 향하려는 마음이라고 볼 수는 있지만 사적인 욕심으로부터는 완전히 벗어난 것은 아니다. 손에 든 칼을 내려놓는 순간 바로 부처가 된다는 말과 같은 원리인 것이다. 심신수양의 일정한 단계에 있는 강호고수가 개인소유의 유품인 검과 원한을 내려놓음은 그 어떤 속박도 받지 않고자 하는 완전한 마음의 자유를 갈망했을지도 모른다. 인생은 기억의 단절이나 사건의 단절로 발생되는 것이 아니라 연속적인 복잡한 연결 속에서 이어나간다. 순간 인을 향할 수 있는 마음과 순간 부처가 된 마음은 또 다시 복수라는 욕망에 이끌려 되풀이 된다. 내가 먼저 끊자고 해도 상대방으로 인하여 끈기지 않은 관계, 즉 자기의 욕망을 이루고자 하면 다른 사람의 욕망도 이루고자 해야 '인'이 남아 돈다 라고 한 성인들의 말이 떠오르며, 자아와 타자는 욕망이 있는 한 마주쳐서 대결하고 욕망의 끝을 보는 것이다. 어떤 결과이든 우리는 욕망을 이루었다고 또는 이루지 못하였다고 볼 수 있을 것이다. 그것이 죽음이든 무엇이든 상관없다. 이와 같은 욕망의 대결을 목격한 자는 또 어떨까? 몸만 무림 고수이고 마음에는 무명화無名火로 가득 찬 이는 검과 함께 깊은 골짜기로 뛰어 내리면서 무명화를 끝낸다. 이런 무명화는 누구에게나 다 있다. 과연 검이 문제일까 검을 사용하는 주인의 마음이 문제일까 라는 질문을 하지 않을 수 없지만 대답은 아주 간단하고 명확하다. 그러나 우리 인간 세상은 관계에 얽혀서 욕망을 위해서라면 가장 기본적인 도덕윤리와 인간성을 잃게 되며 심지어 자신에게 내재하고 있는 마음의 등불을 읽지 못한다면 무명화는 언제 어떻게 어디로 튀어 나갈지 모를 것이다. 이런 두뇌와 마음의 교차지점을 찾아 자기인식, 자기조절, 동기부여, 감정이입과 같은 능력을 의식적으로 키워나가서 닫혀있는 마음이 아닌 열린 마음 즉 디지털 사고 방식을 구축하여 정서적인 지능 트레이닝을 해야 함이 작은 메시지인 것으로 풀이 되기도 한다.

2.3 인간성의 존엄, 말살, 왜곡, 회귀

존엄 - 귀주 이야기(The Story of Qiuju)

중국 섬서성陝西에 위치한 아주 작은 벽지 마을에서 일어난 이야기이다. 츄우쮜秋菊의 남편과 촌장이 집을 짓는 일로 다툼이 일어났고 츄우쮜 남편이 촌장한테 맞아 다리가 골절된다. 츄우쮜는 임신한 몸으로 촌장을 찾아가 옳고 그름을 가르지만 거만한 촌장은 잘못을 인정하지 않는다. 츄우쮜는 이에 승복하지 않고 진鎭정부에 민원을 넣자 진정부 직원이 2백 원을 배상하는 조건으로 일을 해결한다. 촌장은 말로는 배상하겠다고 하면서 심리적으로는 배상할 필요 없다고 생각했기에 츄우쮜에게 공손하게 돈을 건넨 것이 아니라 돈을 공중에 확 뿌려버린다. 굴욕감을 느낀 츄우쮜는 돈을 줍지 않고 다시 현縣정부에 민원을 넣는다. 또 성省정부에까지 민원을 넣는다. 결과 처음과 똑 같았다. 츄우쮜는 이런 결과를 받아들일 수 없어 중급인민법원에 고소장을 접수시킨다. 그러던 와중에 츄우쮜는 설 연휴에 마을 사람들이 모두 인근마을에 연극구경을 간 사이 산통이 시작되고, 과다 출혈로 병원에 가지 않으면 생명이 위협하다. 츄우쮜 남편은 마을에 남아 있는 촌장을 찾아가 도와달라고 부탁하자 촌장은 바로 사방으로 뛰어다니면서 사람을 모아 단가에 츄우쮜를 메고 깜깜한 시골 밤길에 진鎭소재지에 있는 병원까지 츄우쮜를 안전하게 운송한다. 츄우쮜와 애는 모두 위험에서 벗어나게 된다. 츄우쮜는 촌장에 대한 고마움을 표시하기 위하여 아기 1개월 잔치에 촌장과 마을 사람들을 초대한다. 그날 중급 인민법원에서 촌장을 15일 구속한다는 영장을 들고 온다. 츄우쮜집에서 잔치를 즐기던 촌장은 수갑에 채워 경찰로 압송된다. 속수무책인 츄우쮜는 고마운 마음 전달하지도 못하고 멀 리 가는 경찰차를 물끄러미 바라보면서 '이러려고 고소한 것이 아닌데'라는 혼자말로 중얼거린다.

스토리는 세 마디로 정리 된다. 즉 '싸움이 일어나 다리가 골절된다. 권력자이자 가해자는 잘못을 사과하지 않는다. 피해자는 불만을 느끼고 법원에 고소한다. 피해자는 가해자의 도움을 받고 가해가자 은인이 되지만 가해자는 결국 잡혀간다.' 한 시골여성이 바란 것은 인간으로서 최소의 예의를 바라고 '권력자'인 촌장에게 도덕적 양심을 바랬던 것이다. 그러나 사회적 관계 속에서의 예의와 도덕적 질서는 자기와 타자에게 함께 이루어져야 됨을 전제로 한다는 것을 알 수 있다. 촌장이 가장 치욕적인 방식으로 돈을 땅에 뿌리면서 사과를 하자 인간의 모욕감은 최고치에 달하고 존엄성은 최저치가 되어 거의 '인간성 상실'로 표현된다. 즉 자아의 예나 욕이 타자의 예나 욕과 관통되어야 실현됨을 전제로 한다는 것을 우리는 알 수 있다. 생존욕이든 소유욕이든 모든 사람들과 함께 달성되는 것이 '인'이라는 고대 중국의 유가적 인성론이 여기에서 유감없이 드러난다. 다시 말하자면 '평등'으로 달성되어야 한다는 것이다. 자아와 타자는 입장이 바뀌는 순간 우리는 여전히 같은 예와 욕을 관통해야 할 것이고 그래야 '인'이 달성된다. 타자에게 은혜를 받은 것 또한 이런 '인'이 기능이고, '이러려고 소송한 것이 아닌데'라면서 혼자 중얼거리는 주인공 자아는 '예'를 받았다고 '마음'이 작동할까 아니면 '마음의 죄'로 느껴질까? 삼국지에서 '어제의 적이 오늘의 친구이고, 오늘의 친구가 내일의 적이다'라는 메세지는 인간삶의 순회를 아주 리얼하게 드러내 준 문구로서 '인'을 향하는 예나 도에게는 영원한 선과 영원한 악이 없으며 선이 악이 되고 악이 선이 되며, 큰 우주 속에서 마치 입자들이 융합하였다가 다시 흩어지는 양상과 같다. 그 융합된 물질 혹은 정신에는 우리가 '관'하고 이해할 것 만 남았다. 자아와 타자와의 만남은 또 어떤가, 항상 한 관계로 만나는 것이 아니라 수시로 변화하는 상황에서 수시로 타자와 마주치고 자아 속에 있는 타자와도 마주 친다. 이런 관계를 통하여 우리는 인간성의 존엄에 대하여 다시 생각을 할 수 있을 것이다.

고苦 - 인생 (To Live)

부유한 지주 아들로 태어나 자란 푸꿰이福貴는 도박에 빠져 산다. 아내 짜아쩐家珍이 아무리 말려도 듣지 않자 그녀는 딸을 데기고 가출한다. 그날 저녁 푸꿰이는 집까지 날리는 바람에 부친은 화병에 돌아가고, 어쩔수 없이 모친이 지닌 장신구를 팔아 셋방살이를 한다. 1년 뒤

아내 짜아쩐은 딸 손목 끌고 갓난 아들을 데리고 집으로 돌아온다. 푸꿰이는 지난 잘못을 뼈저리게 뉘우치고, 그림자연극을 하면서 본분에 맞게 살아간다. 그러나 이런 '행복'한 날도 길지 않다. 내전으로 인하여 푸꿰이는 국민당에 잡혀가 부역을 한다. 고생 끝에 집으로 돌아와 보니 딸은 병으로 벙어리가 되었다. 곧 이어 일어나는 대약진운동과 문화대혁명운동 기간 그는 짧고 작은 '행복'을 누려봤지만 아들을 잃고, 딸을 잃는 불행이 또 연이어 찾아온다. 딸이 남겨준 손자를 데리고 내일의 '행복'을 꿈꾼다.

이 영화는 한 사람의 인생을 그린 영화이자 중국 근현대사에서 살아가는 그 시절 평균적인 중국인의 삶의 이야기기도 하다. 일본 강점기를 거쳐 국민당 후퇴와 동시에 공산당의 사회주의 건설에서 혁명운동을 거치는 과정에 의식주와 같은 인륜과 사회적 생존욕으로서의 푸꿰우는 인간성과 인간으로서 기본 삶이 '행복'했는가를 기술하고 있다. 일본강점기 때까지 근대 중국은 소농경제와 소상경제로 재산사유제이기에 개인들이 일정한 재산을 축적하였다. 지주 신분인 주인공은 도박으로 무일푼인 백성 신분으로 되어 열심히 자기의 예술재능(종이그림자극 연극)을 팔아 하루하루 즐거운 소시민생활을 한다. 이런 생활도 오래 가지 못하고 국민당에 잡혀 부역을 하다가 공산당군의 포로가 되어 부대에서 다시 종이그림자연극을 하다가 전쟁이 끝남과 동시에 집으로 돌아온다. 집에 돌아온 그는 삶은 비록 빈곤하고 고달펐지만 아내, 아들, 딸과 함께 가족적인 인륜의 즐거움을 누리면서 살아간다. 더 다행스러운 것은 도박으로 잃은 재산으로 인하여 무산계급이 된 그는 중화인민공화국의 진정한 시민으로서 살아간다. 사회주의 건설을 위하여 함께 일하고 함께 먹大鍋飯으면서 생산량 제고를 위한 대약진운동이 시작되면서 주인공은 아들을 잃게 된다. 이렇게 단란한 행복이 깨지고 얼마 지나지 않아 문화대혁명이 일어나는데 주인공은 또 다시 자신이 도박으로 집을 잃은 것이 얼마나 다행인가를 느끼면서 '무산계급'인 자기가 오늘 '목숨'을 건졌다고 기뻐한다. 이런 전환기에 놓인 아내와 둘이서 그 재산을 날린 것을 다행으로 기뻐하면서 오늘날 사회 환경과 혁명에 '어리둥절'해 한다. 다행스러운 기쁨으로 아주 조심스럽게 살다가 벙어리가 된 딸이 결혼을 하고, 출산하다가 죽는다. 인생에서 가장 슬픈 세 가지 사건 '어릴 때 부모 잃는 것, 중년에 배우자를 잃는 것, 만년에 자식을 잃는 것'이라는데 이런 아픔과 슬픔, 고통이 우리의 삶이라는 것을 푸꿔이를 통하여 다시 한번 고민을 해 본다. 우리는 희노애락으로 삶을 잘 묘사하고 '행복'을 위하여 하루하루를 살지만 '행복'이란 무엇인가? '영원한 행복'이란 우리 삶에 있는 걸까?

인간성의 상실과 왜곡 - 패왕별의(Farewell My Concubine)

단소루段小樓와 정첩의程蝶衣는 어렸을 때부터 함께 자란 선후배이다. 두 사람 중 한 사람은 주역을 맡고, 한 사람은 조연을 맡아 경극 〈패왕별희〉에서 빈틈없는 연기호흡을 보여주면서 북경 전역에 명성을 떨친다. 두 사람은 평생 〈패왕별희〉연기를 하기로 약속 한다. 그러나 두 사람이 연극에 대한 태도와 인생에 대한 태도가 본질적으로 다르다. 패왕 연기를 맡은 단소루段小樓는 연극은 연극일 뿐 리얼 인생과 구분지어 살아가고, 별희 연기를 하는 정첩의程蝶衣는 연극 속의 인물과 현실 속의 삶을 구분짓지 못하고 '별희'가 '나'이고 '내'가 '별희'인 삶을 산다. 단소루가 유명 기생 구선菊仙과 결혼하여 가정을 꾸리면서 정첩의는 구선이 제3자로 들어와 단소루를 자기한테서 빼앗아 갔다고 생각하고, 단소루는 결혼함으로 자신을 배신했다고 생각한다. 이렇게 세 사람은 경극〈패왕별희〉를 둘러싸고 사랑과 증오, 애정과 원한에 관한 이야기가 전개된다. 이런 세 사람의 애정갈등과 함께 요동치는 사회환경의 변화와 맞물려 사랑과 증오는 갈수록 더 첨예해 지고 인간성의 상실, 인간성의 파괴, 인간성의 왜곡으로 이어진다.

정첩의는 기생엄마에 손가락 기형아로 태어났다. 기형 손가락을 자르고 극단에 들어와 연극를 배우기 시작한 정첩의는 상처받은 마음을 달래줄 상대가 필요했다. 그는 혹독한 트레이닝을 잘 소화하고 유명 경극〈패왕별희〉에서 조연인 별희 역을 맡아 유명해 진다. 그는 자신이 남자지만 여자라고 주문하면서 혹독한 훈련을 받고 성에 대한 구별 없이 실생활에 '별희'로 살아간다. 그가 곧 별희이고 별희가 곧 그 자신인 것이다. 경극 '패왕별희'는 초나라왕 항우가 한고조와의 전쟁에서 패하자 어쩔 수 없이 애첩 우희와 결별하는 감동스러운 사랑이야기가 경극화 된 작품이다. 그는 자기의 인생을 별희에게 바쳤고, 자기의 상처받은 감정을 패왕에게 의탁했다. 그는 북경 백성들에게 별희로 불이우면서 열심히 북경백성들에게 연극을 했다. 그는 일제강점기 때 일본군에게 〈패왕별희〉 연극을 했고, 항일전쟁시기 국민당에게 〈패왕별희〉 연극을 했다. 일본군에게 연극을 했다는 이유로 그는 매국노로 국민당에 잡혀간다. '별희'를 희롱하던 관료마저도 '별희'를 위하여 법정에서 보석을 원하지만 '별희'는 법정에서 자신은 매국노가 아니라 연기자라면서 관중이 누구든 〈패왕별희〉를 보고자 하는 사람에게 똑 같이 연극을 한다고 자신의 의지를 끝까지 굽히지 않는다. 국민당 장교가 '별희'의 재능에 매료되어 그를 석방한다. 일본인 앞에서든 국민당 앞에서 든 그는 '별희'로서의 존재감을 인정받고, 그의 분신인 '별희'도 사회적 보장을 받는다. 그러나 문화대혁명이란 대 동란 속에서 '별희'의 눈앞에는 어릴 때 자신을 극진히 사랑해주고, 국민당법정에 섰을 때 자신을 구하기 위하여 자신들을 희롱하던 관료한테 가서 굽신거리면서 살려달라고 부탁을 하고, 자신이 아편중독에서 벗어날 수 있게 극진히 돌봐주었고, 자신의 입양아에게 모욕을 당할 때에도 '별희'를 지켜줬던 '패왕'이 수많은 사람들 앞에서 '별희'를 기생의 아들이고, 매국노이고, 관료와 놀아났고, 아편중독자이며, 반혁자라면서 인민재판 하는 것을 눈 앞에서 생생히 본다. 이때 '패왕'은 연기를 빌어 왜곡된 자아를 현실이 요구하는 자아로 연기탈바꿈을 하여 망각된 자아가 표출되며 인간성회멸로 표출된다. 이어 '별희'의 반격이 시작된다. '패왕' 아내는 기생출시이고 나쁜 '년'이라면서 '팽왕'을 빼앗긴 원한 풀이를 한다. 이렇게 가족 같은 세 사람은 문화대혁명이라는 반인도적인 혁명 과정에서 '패왕'의 아내의 자결로 인간성 상실의 시대를 걸어간다. 혁명革命은 수많은 목숨을 대가로 이루어 진다. 개혁개방 시대를 맞은 '패왕'과 '별희'는 다시 원심으로 회귀하여 〈패왕별희〉에서 호흡을 맞추지만 이미 '패왕'는 그 '패왕'이 아니고, '별희'는 그 '별희'가 아니다. 사회변혁의 전환점에서 인간은 인간성의 변화를 가져와야 하는가 아니면 인간성의 가치를 더 존중하면서 새로운 시대에 맞게 부족한 부분을 강화해야 하는가는 줄곧 우리에게 던지 화두이다. 그러나 명확한 것은 인간성을 말살하는 비인도적인 사회운동이나 혁명은 어떤 강인한 메탈이라도 쓰러뜨리며 시련 앞에서 인간은 얼마나 나약한 존재인가를 알게 된다.

망각을 통한 회귀 - 오월의 마중(Coming Home)

1970년대(문화대혁명시기)초반 가족과 소식이 끊긴지 오래된 노동교화를 받는 범인 루앤쓰陸焉識는 다른 농장으로 이동하던 중 집으로 도망간다. 가족이 너무 보고 싶은 그는 삼엄한 경비를 뚫고 집에 쪽지를 남겨 만날 장소를 알린다. 발레리나 꿈을 꾸면서 주연을 맡고 싶은 딸은 엄마와 아빠가 만나는 것을 저지한다. 딸의 저지에도 불구하고 아내는 들뜬 마음으로 만나는 장소로 갔는데 딸의 밀고로 눈앞에서 남편이 잡혀가는 것을 목격한다. 문화대혁명이 끝나고 루앤쓰는 명예를 회복해 집에 왔지만 딸은 오래전에 발레를 포기하고 노동자가 되어 있고, 사랑하던 아내는 병에 걸려 자신을 알아보지 못한다. 그는 아내와 함께 기억하고 싶지 않는 시대를 아내와 함께 잊어버리고 아내와 함께 영원한 기다림을 택한다.

인간성 상실과 인간성 왜곡 시대 즉 비인도적인 혁명시기에는 딸이 아빠를 고발하게 만드는 시대이고, 모녀가 인연을 끊게 만드는 시대이기도 하다. 인륜이 파괴되는 시대 다시는 기억하고 싶지 않은 시대, 영원히 머릿속에서 지우고 싶은 시대를 영화는 기다림이라는 영원한 희망적인 메시지로 인간성 회귀를 바라며, 가족정체성의 회복을 바란다. 기다림으로 모든 것이 지나가기를 바라며 모든 것이 다시 오기를 바라는 연약한 인간이 거대 사회물결에서 살아나기 위한 선택을 '소망'하기도 한다. 우리는 인간사회를 살아가면서 사회적 대 환경이 생존 본능과 인간성에 직접적인 영양을 준다는 것을 인지하였다. 그래도 우리는 인간이기에 인간과 인간을 대함에 있어서는 나와 타자의 만남에서 정확하게 인지하기 바란다.

'마음의 등불을 켜자!' 타인이 나를 존경하지 아니함은 나에게 재주

才能가 없어서이며, 내가 타인을 존경하지 아니함은 나에게 덕이 없어서이며, 타인이 나를 받아들容이지 아니함은 내가 무능無能해서 이고, 내가 타인을 받아들容이지 아니함은 내가 그릇이 작어서量이며, 타인이 나를 도와주지 아니함은 내가 무위無爲어서 이며, 내가 남을 돕지 아니함은 내가 자비심善이 없어서이다. 타인의 마음으로 사람을 대하고, 나의 덕행으로 타인을 받아들이고 도와주면 천하를 얻을 것이고 대세는 이미 결정되어 있을 것이다. 이런 도덕적 수양이 이루려고 우리는 마음 공부를 하고 있지 않는가?

제3장 차이나타운:
차이나타운을 통한 중국인의 근성

3.1 '뿌리로 회귀'에서 '뿌리 내리기'까지

중국인들은 고대부터 왜 '온 세상사람 모두 형제야四海之內皆兄弟也' 라는 의식을 가졌을까? 사실 '중국인'이라는 용어는 너무나도 추상적인 개념이다. 문화라는 개념이 중국 사람들을 하나단위로 구성되게 하였다. 중국문화가 걸어온 발자취를 돌아보면 중국인들에게는 성(province)라는 관념이 존재하며 민족관념은 그다지 크게 우세하지 못하였기에 제국적통치가 수세기 동안 지속될 수 있었다. 그리고 문화적인 통합을 이룰 수 있는 기반인 문자(characters)로 인하여 언어통일을 이룰 수 있었던 것이 그야말로 중국이 오늘날 까지 유지될 수 있는 위대한 힘이 아닐까 생각되기도 하다.

'중국'이란 개념은 언제부터 확립되었는가?

중국은 하나의 문명소용돌이와도 같이 밖으로 전파도 하고 안으로 집결하기도 한다. '중국'은 사예四裔와 상대되어 사용된 용어이다. 즉 농업이 위주인 중원지역에 위치한 화하華夏민족과 목축업과 수산업이 위주인 주변 오랑캐蠻夷戎狄민족 간의 서로 영향주고 영향 받으면서 중심지역인 농업문명이 주변의 초원문명과 해양문명을 흡수하면서 하나로 융합되어 이루어졌다. 서주西周시대의 우禹임금이 치수하기 위하여 천하를 순방하는 기록에 의하면 지리학적 특성으로 대륙을 9개로 나뉘어 졌다. 이래서 구주九州라는 개념이 생기게 되었다. 동쪽에 있는 래이萊夷, 남이南夷, 회이淮夷, 동호東胡를 동이東夷라 칭하였는데 이들은 오늘의 한반도, 일본, 금인金人,滿人, 몽고인 들이다. 북쪽에는 북적北狄, 북융北戎, 흉노匈奴가 있는데 이들은 귀방鬼方과 연관성이 있으며 터키족의 조상과 연관된다. 서쪽은 저강氐羌, 월씨月氏, 오손烏孫, 강융姜戎등 민족은 오늘 티베트민족과 강족의 조상들일 것이다. 서남쪽에는 파촉민족과 서남이가 있었다. 남쪽에는 백월百越, 반박종盤瓠种, 백복百濮, 면복緬濮민족 즉 오늘의 장족壯과 동족侗 그리고 묘족요족과 같은 남쪽지역에 있는 소수민족과 동남아 여러 소수민족의 선조들일 것이다. 이적간의 침입은 모든 역사에서 일어나는 현상이며, 중국경내에서의 이적간 침입을 놓고 볼 때 중앙과 변두리를 가지고 구분하였다. 중원지역을 차지하는 자가 화하華夏이고, 변두리에 있으면 사예四裔였다. 그래서 '옛날에 우리는 모두 화하민족이 였고, 또 모두 오랑캐들이였다'는 말로 형용할 수밖에 없다. 이와 같이 중국이란 개념은 민족에 의하여 구분된 것이 아니라 무수히 많은 전쟁과 침입을 통하여 중원을 차지하는 자가 '화하'족이고 중원을 차지하는 자가 '중국'이었던 것으로 추

리된다. 그래서 고서 기록에 하夏, 상商, 주周는 모두 '중국'이라 자칭하였고, 모두 '구주우적九州禹迹'에 산다고 하였던 것이다. 당시 중국은 하, 상, 주가 천하를 대표한다고 하였다. 하가 중원에 있을 때 상은 오랑캐였고, 상이 중원에 있을 때 주는 오랑캐였다. 주가 중원에 있을 때 천하가 다시 개편되어 여러 왕족이 모두 원래 살던 곳을 떠났다고 한다. 그래서 어떤 민족이든 중원에 있지 않으면 오랑캐로 간주되었기에 '이夷와 '하夏'의 구분은 혈통에서 찾을 수 없고 지역과 문화에 그 뿌리가 있다'고 봐야 한다는 것이 요즘 학계의 추세이다. 이런 하, 상, 주 시기의 '중국'이란 개념은 지리학적 개념이라고 볼 수 있다. 2차 '중국'개념 형성은 아마도 진시황秦始皇전국통일이 제도적으로 영토적으로 완성된 중국일 것이다. 즉 고대중국인들은 악진해독岳鎭海瀆을 '구주九州'개념으로 생각하고 공간적 중국이라는 지표를 설정하였다. 즉 그것이 5악4해五岳四海인데 5개 산, 4개 하천을 가리킨다. 동쪽은 기산沂山, 서쪽은 오산吳山, 남쪽은 회계산會稽山, 북쪽은 의무려산医巫閭山, 중부는 곽산霍山 즉 5악岳으로 기준삼고, 4개 하천으로는 황하黃河, 제수濟水, 장강長江, 회하淮河를 4해海로 기준 삼은 것이다. 사해四海가 동해, 황해, 남해, 발해를 칭한 것은 그 이후의 개념이다. 오늘날에도 사용되는 '구주' 개념이 중국이라는 개념과 통용되는 것도 위와 같은 유래에서 이다. 18개 행정구역으로 구분된 구주는 아마도 주원장朱元璋이 몽고군을 중원에서 쫓아내고 명나라를 세운 다음 다시 18개 행정구역을 회복하면서 성 개념이 생긴 것이다. 그 때 당시 중국의 경제중심이 남쪽에 집중되었기에 수도도 남경南京으로 정했던 것이다. 1912년 손중산孫中山이 건립한 중화민국임시정부에서 22개성(동북 3성, 신강성 포함)과 몽고(내몽고, 외몽고), 티베트, 청해 지역을 포함시켜 중국영토라고 선포하였다. 1949년 중화인문공화국은 23개 성 4개 직할시, 5개 자치구와 2개 특별시로 행정지역을 구분하였고, 공화共和란 한족, 만족, 몽고족, 회족, 티베트족 지간의 조화로운 공존을 의미하였다.

차이나타운(Chinatown)은 중국인들이 외국에 모여 거주하는 곳을 가리키다. 기록에 의하면 1673년 일본에 중국인들이 모여서 사는 곳을 대당가大唐街라 불렀다고 기록되어 있다. 현재는 차이나타운(Chinatown)이라 통칭한다. 위에서 기술하다 시피 중국은 동남아 여러 나라와 빈번한 교류가 있었다. 기록에 의하면 정화하서양鄭和下西洋 이후 많은 사람들이 동남아로 이민하였고, 19세기 중엽 아편전쟁이후 서구산업혁명으로 인하여 많은 노동력을 필요할 때 중국 노동자들이 아메리카대륙으로 유럽대륙으로 이주하였다.

쿨리苦力 - 쌰아난양下南洋

'남양南洋'는 오늘의 싱가폴, 인도네시아 등 동남아에 위치한 11개 나라를 가리킨다. 당송시기 해양무역이 활발하여 동남아 연안에서 인구왕래도 빈번하여 15세초부터 자바(Java)섬과 인도네시아의 수마트라섬(Sumatra)에는 중국인이 집거하여 살고 있었고 비록 명나라 때 금해

령이 여러 번 있었으나 무역이 잘 되니 여전히 동남아로 이주 하는 사람이 많았다. 그러나 진정한 이민이란 개념은 아주 근대적인 개념이다. 17세기 서부식민지 개척시대가 시작되면서 네델란드(Netherlands), 스페인(Spain), 포르투갈(Portugal), 영국이 동남아에서 통상항구를 개항하여 식민지 무역체계에 편입시키면서부터 동남아에서는 대량의 노동력이 필요했다. 이들은 중국에서 이 노동력을 찾았고, 중국인이 동남아로 오는 것을 정책으로 격려하였다. 이렇게 명나라 중엽부터 시작된 노동력 수출이 300년을 지속하여 1950년에 끝났다. 초창기에 주로 바다와 인접한 복건성과 광동성 사람들이 농경지도 부족하고 금해령도 있고, 생계를 유지하기 위하여 동남아로 살 길을 찾아 갔던 것이다. 이시기 동남아에 이미 150만 명이나 되는 중국인이 집단으로 모여 살면서 무역활동에 종사하였다. 청나라 말기에 힘없던 청나라정부는 불평등 조약을 체결하여 합법적인 '계약화공契約華工'들이 동남아로 헐값에 노동력을 팔았으며 이들을 '쿨리苦力'라고 속칭하였다. 당시 중국남부 지역의 태평천국농민운동, 광동광서에서 일어난 반청反淸봉기, 광동토착민과 객가인客家人부라 간 싸움으로 남부지역은 모든 것이 엉망진창이었다. 게다가 이 시기 아메리카 대륙에서 금광을 발견하고, 동남아 지역에서 재배농장의 경제발전이 한 창이었다. 중국각지에서 관공소를 세워 해외로 보낼 일꾼을 보집하였다. 이들은 주로 인도차이나반도의 재배농장 노동자로 일했고, 인도네시아 등 나라의 광산 노동자로 일했다. 1912년 중화민국 임시정부에서 노동력 수출을 금지하고,

화교를 보호하는 정책을 반포하였다. 쿨리무역이 공식적으로 종지부를 찍었다. 그러나 임시정부는 오래 가지 못하고 중국은 내전을 겪고, 2차 대전 혼란에 놓였다. 백석들은 먹고 살기 위하여 쌰아난양下南洋바람이 불었다. 이시기 동남아는 식민종주국들의 부축 하에 농장재배 광산업 외에 철도, 항만운송, 금융, 제조업과 같은 신흥 산업이 발전하면서 숙련된 노동력을 필요로 하였다. 1922년에서 1939년 500만 명을 훨씬 넘는 노동력이 쌰아먼廈門 항구를 통하여 외국으로 이민 갔다. 중화인민공화국 성립과 동시에 300년 동안 지속되어 온 노동력수출 이민역사가 진정으로 종지부를 찍었다. 그러나 이시기에 중국경내에서도 3차 이민열풍이 일어났다. 명나라 말 청나라 초 만리장성이내에 거주하던 백성들이 먹고 살기 위하여 만리장성밖에 위치한 소수민족 지역으로 이주하기 시작하였는데 이것을 쩌우씨커우走西口라 한다. 뿐만 아니라 이시기에 황하하류에 홍수로 인해 수많은 수재민들이 육로와 해로로 동북으로 이주하기 시작하였다. 그 이전에 청나라정부는 한족이 동북에 사는 것을 금지하여 왔다. 그런데 1860년 러시아와 아이훈조약瑷琿條約을 체결하면서 한족들이 동북 이주가 완전히 개방되었다. 이들은 동북에서 황무지를 개간하고, 사냥무역을 하고, 금광을 채굴하고, 인삼을 캐면서 생계를 유지하였다. 전설 속에서 이들은 '산신山神' 또는 '금왕金王' 혹은 '산적'이라 불렸고, 역사적으로 이런 이민을 촹꽌뚱闖關東이라 한다. 아마 한국에 거주하는 화교들 대부분이 이시기 즉 청나라 말기에 전쟁을 피해, 자연재해로 인하여 발해, 황해를 건너 산동山東

에서 배를 타고 인천, 부산에 들어와 정착한 화교들일 것이다. 당시 이들은 안착하면서 주로 농업과 음식업, 건축업에 종사하였다고 한다.

화교 혹인 화인(Overseas Chinese)은 말레시아와 싱카폴에 거주하는 1세대부터 6세대의 화인華人 혹은 그 후예 즉 화예華裔들을 가리키고, 또 19세기 중국에서 세계 각국으로 이민간 화인 혹은 그들의 후예를 가리킨다. 화교에는 명나라 후기 청나라전반에 거쳐 대만, 홍콩, 마카오로 간 이주민과 그들의 후예를 가리킨다. 1912년 중화민국건국이전 해외에 거주한 중국인들을 '탕러언唐人'이라 칭하였고 중화민국이 건립된 다음부터는 '화인' 혹은 화교 즉 '화교華僑'로 칭하였다. 오늘 중국에서 사용되는 표준중국어 즉 푸퉁화普通話는 1949년 중화인민공화국 건립이전에는 많이 사용되지 않았으며, 해외에 거주하는 화교들은 자신들의 방언을 사용하여 소통하였다. 심지어 대만, 홍콩, 마카오 등 지역에서는 광동 방언 즉 캔토니즈(Cantonese)를 사용하였다. 서구에서 만다린(Mandarin)이라고 하는 것은 만주식 중국어를 가리키는데 청나라가 건국한 만주족이 중국인을 통치하기 위하여 사용한 만주식 중국어방언에서 기초가 되어 행정기관에서 사용했던 당시 표준 중국어였다. 대만은 중국이 가장 민감하게 반응하는 지역이지만 우리가 알아야할 것은 30년 전 대만과 중국의 관계, 오늘의 대만과 중국은 완전히 다르다. 당시에는 대만 화교로 칭하였고, 현재는 대만교포 혹은 대민인라 한다. 대만은 장개석蔣介石이 군인, 정계인물, 가족 그리고 당시 엄청 많은 금은보화를 싣고 대만으로 임시 철퇴하였는데 영원한 철퇴가

된 것이다. 이 금은보화들은 지금 대만고궁박물관에 소장되어 있으며 중국 북경에 있는 고궁박물관에는 자금성이라는 건물밖에 없다. 그 내용물들은 서구 8개국연합군이 북경 고궁에 들어와 태우고 약탈하고, 국민당이 대만으로 쫓겨 가면서 가져갔다고 기록되어 있다. 대만에서 국민당이 장기 집권하면서 국민당정부관리들이 사용하는 관어官語가 대만에서 통용어로 되었다. 홍콩과 마카오는 연합왕국 정부로부터 1997년 중국으로 반환되면서 홍콩회귀(Hong Kong reunification)와 마카오회귀(Transfer ncia de Poderes de Macau)라는 역사적 사건이 일어난다. 이렇게 156년 동안 영국통치와 포르투갈정권으로부터 중국은 정권을 이양 받고 식민지통치의 종말을 고한다. 중국은 홍콩마카오에 '일국양제一國兩制' 정책을 실시하면서 중국국적 혹은 홍콩행정특별구 여권을 발행하였다. 이로 인하여 홍콩마카오에서도 표준중국어가 보급되기 시작되었다. 그래서 화교들은 말로는 소통하지 못하지만 한자를 사용해서 소통한다는 화교사회의 득이한 현상이 이런 역사적 유래로 인하여 생긴 것이다.

가장 일찍 해외로 이주 간 '쿨리' 노동자들을 모두 싱글남성 이민자로서 고향에 대한 그리움이나 금의환향하는 의식이 아주 강하였다. 그들은 고된 노동을 하여 번 돈을 고향에 송금하였고 또 고향건설에 투자하였다. 그러나 냉전기간에 이런 왕래는 완전히 끊겼고, 화교들은 고향에 송금할 수 없게 되어 제3지대인 홍콩을 통하여 고향에 송금하기도 하였다. 냉전이 끝나고 중국은 내부적으로 여러 가지 정치적 인 '운동'으로 인하여 중국은 대외적으로 문을 완전히 닫아 버렸다. 이렇게 되자 화교들은 아주 자연스럽게 고향과 연락이 끊길 수밖에 없게 되었다. 이로 인하여 '뿌리로 회귀'하려던 화교들이 고향으로 통하는 '길'이 막히게 되자 화교들의 의식체계의 변화가 일어나기 시작하였다. 여기에 일조를 한 것은 중국정부에서 화교들의 이중국적을 인정하지 않는 법령을 발표 하였고, 동시에 동남아 여러 나라들에서는 화교들의 경제발전에서의 역할을 중시하여 거주나라의 국적 취득을 허락 하였다. 이렇게 동남아지역 화교들은 이주민 신분에서 그 나라 국민이 되는 신분변화가 일어나게 되고, 그 나라 시민으로서 정치 경제 금융 활동에 더욱 적극적으로 참여 하면서 '뿌리로의 회귀'가 '뿌리 내리기'의식으로 완전히 바뀐 것이다. 이 시기 동남아 국가들은 식민지에서 독립하였고 화교들은 민간경제에서 우세를 차지하였다. 게다가 동남아 특히 홍콩과 싱가폴 화교들은 민간경제의 배척을 피하기 위하여 현지인들과 함께 민영경제운영체제를 도입하기도 하였다. 때문에 화교 경제권은 그 지역의 민족경제와 장기적으로 함께 발전하였다고 볼 수 있다. 세계 각국에 분포되어 있는 중국 화교상인들은 거주나라에서 소규모의 상업 활동을 하고 있으며 일부 기업은 확대되어 다원화 되었고, 일부는 기업왕국이 되어 다국적 기업으로 발전하여 이익창출을 하고 있었다. 게다가 중국이 개혁개방 할 무렵 아세아 4룡(Four Asian Tigers)라 칭하던 한국, 대만, 홍콩, 싱가폴은 농업형에서 경공업형인 경제체제를 전환하면서 고속발전을 가져왔던 것이다. 대만, 홍콩, 싱가폴에 화교상인들이 대륙에 대한 애착도 아마 가장 많을 것이다. 2011년 싱가폴화교상인협회에서 세계화교상인대회(World Chinese Entrepreneurs Convention: WCEC)를 최초로 개최하면서 해외에 있는 화교상인들과 공상업을 경영하는 화교상인들에게 경제협력을 할 수 있는 자리가 만들어 졌고, 이 WCEC는 특히 아세아 태평양지역의 경제활동과 협력에 크나큰 기회를 주었다. 특히 신 실크로드의 개통으로 인하여 화교들은 중국본토에 대한 투자와 경제무역 활동이 역사 이래 가장 활발하게 진행되고 있다.

3.2 기회는 대륙에서

1979년 정부에서 개혁개방 정책으로 경제특구와 개방지역 확대정책을 실시하면서 광동廣東과 복건福建성에 해외 화교 상인들만 투자하는 '특별정책'을 실시하였다. 당시 이지역의 교통, 통신, 급수공급, 전력공급과 같은 기초시설이 아주 낙후하였으며, 정부에서 화교자본을 유치하여 고속도로, 공항, 부두, 전력발전소 등 기초시설을 건설하여 화교자본 투자가 또한 가장 짧은 시일에 이윤창출을 보게 되었다. 1984년부터 경제개발구를 설립하여 대련大連, 천진天津, 상해上海, 광주廣州 등 도시가 대외적으로 개방되면서 경제기술개발구로 지정되었다. 여기에 화교자본과 외국자본이 유입되었고, 정부에서는 생산된 상품수출을 장례하였고, 첨단기술발전에는 특혜정책을 실시하였을 뿐만 아니라 계획적인 경영과 자률적인 경영권을 주었다. 이로 인하여 경제기술개발구가 우후죽순처럼 건립되었고, 첨단기술개발구가 세워지면서 공업단지 등이 탄생하게 되었다. 이런 중국정부의 정책적인 노력으로 인하여 중국에 투자하는 하드환경과 소프트 환경이 기본적으로 구비되어 외국 자본 유치에 가장 좋은 곳 중의 한 곳으로 중국이 꼽히기도 하였고, 이리하여 글로벌 생산 기지가 된 중국이 거대 생산 공장이란 이름을 가지게 되었다. 1979녀부터 1991년까지 중국 대륙에 투자액 총액중 화교상인 투자가 55%라고 공식적인 자료에 기록되어 있다. 중국은 1989년 태앤안먼天安門 사태로 서방나라들로부터 경제적 제재를 받게 되자 중국정부에서는 1992년부터 1999년까지 화교상인들의 투자에 관한 법률적 보호규정을 제정하고 광동, 복건, 강소江蘇, 절강浙江, 광서广西, 길림吉林, 요녕遼宁, 산서山西, 사천四川, 귀주貴州성에서 잇따라 해외 화교자본과 대만, 홍콩, 마카오 지역의 자본 투자에 관한 보호 법규와 유관 조례사항과 조치들을 실행하면서 개혁개방정책 실행에서 많은 경험과 교훈을 얻게 된다. 2001년 WTO 가입으로 인하여 화교자본 유치와 외국 자본 유치가 WTO 규정에 맞게 수정되면서 세무 우대정책 같은 것들이 취소되었고, 2008년부터 중국정부에서 외국자본 유치정책이 시장경제원칙과 WTO 규칙에 부합되게 실행할 수 있는 정상화 궤도에 들어섰다고 판단하여, 외국상인과 화교상인들에게 정책적

우대와 특수대우를 더는 주지 않기로 결정하였다. 이렇게 중국화교자본이 초기 '뿌리로의 회귀'에서 '뿌리 내리기'의식 전환을 통하여 각 나라에서 열심히 자금을 비축하여 다시 '뿌리로의 투자'로 상호 윙윙하는 거대 이윤창출기업으로 성장하게 되었다.

화교자본의 힘

화교자본이 중국 기업에 투자하면서 중국 국내 재정 수입을 늘이는 하나의 원천이 되었다. 2005년에 전체 재정수입의 10%가 화교자본이 운영하는 기업의 세금수입이고, 화교자본이 운영하는 기업이 수출로 벌어들인 외화가 1987년부터 2005년까지 36.4% 증가률을 보였고, 뿐만 아니라 여기에는 첨단산업에서 화교자본이 경영하는 기업이 고부가가치와 첨단기술을 포함한 제조업으로 발전하면서 메이더 인 차이나(Made in China) 제품이 더는 저가의 노동밀집형 저가상품이라는 딱지를 떼게 해 주었다. 위와 같은 과정을 거치면서 둘째로는 일자리 창출 해 주었고 노동력 품질 향상을 가져왔다고 볼 수 있다. 화교상인들이 대륙에 들어 와서 여러 가지 업종에 투자하고 공장을 설립하여 중국에 남아도는 자유 노동력에게 취업기회를 주었다. 특히 개혁개방 초기에 노동밀집형 중소기업의 설립은 중국경내 취업을 해소해 주었고 2005년 통계에 따르면 중국 취업인구의 10%가 화교자본이 경영하는 기업이 해결했다고 한다. 이 기업들은 중국 기업들 보다 선진적인 기술설비와 경영시스템이 도입되었기에 기업문화건설과 기술훈련을 중시하였으며 회사원들의 기업에 대한 관념과 의식을 제고시켰으며 경영관리형인력과 연구개발형인력을 개발하기도 하였다. 이로 인하여 수천만명이나 되는 농민공들이 훈련을 통하여 고품질 공업품을 생산하거나 첨단 과학기술 상품을 생산하는 기능공으로 자리 매김 함으로써 중국의 취업구조과 노동력 자질을 업그레이드 시키는 기능을 하였다. 그 다음으로 경제발전구역이 확대되면서 도시화가 가속화 되었다. 동부 연안에 위치한 광동, 복건, 상해, 강소, 절강, 산동 등 지역은 화교자본이 가장 먼저 유치된 지역이며 전통적인 화교들의 고향인 광동과 복건은 농업지역에서 신흥 공업도시로 발전하였고, 주강삼각주지역珠江三角洲, 민난황금삼각주지역閩南金三角, 장강삼각주지역長江三角洲, 황하삼각주지역黃河三角洲 신흥 도시집단을 발전하여 새로운 형식의 도시모델을 보여주기도 하였다. 네 번째로 중국 중부의 경제성장과 서부개발 그리고 동북발전은 화교 자본이 동남연안에서 동북, 서북 투자로 전이됨을 보여 준다. 세계화상대회(World Chinese Entrepreneurs Convention)가 연이어 동북에서 개최되면서 화교자본 유치에 대한 중국정부의 야심을 볼 수 있다. 게다가 화교상인들을 주체로 하고 외국상인들의 자본을 유치하는 것은 중국이 세계 여러 지역의 경제연결을 확대하는데도 도움이 되며 중국대륙이 글로벌화로 나가는 과정에서 선진적인 이념이나 과학기술 경영경험과 같은 것을 받아들이고 개선하는데 도움이 될 것이다. 화교 자본이 중국의 개혁개방과정에서 현대화로 나가고 급속한 경제성장을 이루는데 있어서 중요한 역할을 하였다고 볼 수 있다.

3.3 내부와 외부의 융합

개혁개방전의 심천深圳은 하나의 작은 어촌 포구였는데 1980년대 경제특별구로 지정되면서 심천는 중국개혁개방 제1도시로 되었고, 10년 개혁개방을 재확인하면서 1992년 떵쑈우핑鄧小平 남방시찰에서 심천이 제1시찰 도시였고, 씨찐핑習近平이 중국공산당 서기로 선출된 후 가장 먼전 시찰한 제1도시이기도 하다. 지리적으로 심천은 중국 가장 변두리에 있는 도시이자 개혁개방의 제1도시이기도 하다. 우리의 전통적 관념은 중앙에서 변두리로의 의식이 강하다. 위에서 설명한 것도 중앙에 위치한 농업문명이 변두리의 초원문명을 융합시키고, 해양문명도 융합시킨 다는 관념과 의식으로 전반적인 사회구조가 전환되어왔다. 그러나 개혁개방은 변두리 연해지역에서 중앙으로 확산되면서 영향을 줌으로써 오늘날에는 심천이라는 변두리 도시가 중국대륙의 개혁개방의 아이콘이되고 기업문화, 경제활동모델이 연해지역으로 확산되어 갔다. 90년대 이후 중국을 아는 외국인이라면 심천은 낯설지 않을 것이다. 이렇게 중국 대륙은 문화혁명을 통하여 공자를 타도해 버리고, 흰 고양이든 검은 고양이든 쥐만 잡으면 좋은 고양이라는 슬로건 하에 '돈'만을 위한 경제성장을 하여왔다. 개혁개방을 시작하여 오늘날까지 40년이 넘는 세월을 통하여 중국은 세계 2대 경제대국으로 우뚝 섰으나 모든 목표가 '돈'이라는 구심점을 향하게 되어 중국인들에게 철학적 맹점 혹은 정신의 공백이 생기게 되면서 정신의식의 결핍을 인지하게 되었고, 이런 결핍은 또 인간성의 상실을 초래하기 때문에 정신의식구축이 시급히 필요할 때이기도 하였다. 중국은 자유시장 경제시스템 도입으로 인하여 맑시즘과 모택동毛澤東 이념이 더는 중국인들의 '돈'사랑을 해결할 수가 없었다. 게다가 중국은 현재 세계시민으로서의 문화대국의 꿈을 실현하려고 노력중이다. 여기에서 중국정부는 공자의 '조화로움和諧' 사상을 사회전반에 걸쳐 홍보하고 있다. 중국정부는 중국문화와 철학을 대표로 하는 서경書經, 예기禮記, 춘추春秋, 대학大學, 중용中庸, 논어論語를 기인한 공자孔子를 선택하였다. 공자는 중국인들에게 석가모니, 소크라테스, 예수와 함께 4대 성인 중 한 사람이라고 여겨지는 유교의 시조이자, 맹자와 주자학으로 계승발전된 사상가이자 철학가이기도 하다. 중국 역사에서 공자가 줄곧 떠받들린 것만은 아니다. 일찍 진시황이 중앙집권제의 나라를 건설하려고 했지만 공자 유학은 주나라의 전통을 회복하려 한다는 이유로 공자의 유학을 반대하여 왔고 진시황이 6국을 통일하고 분서갱유焚書坑儒가 공자 유학을 반대하는 최고조 시기일 것이다. 그렇지만 춘추전국시대(BC 770년 - BC 221년) 의식이 번창하여 유생들은 여전히 분봉제分封制를 갈망했고 조정을 여전히 비판하여 왔다. 이렇게 중국 역사에서 처음으로 공자 유학을 반대한 결과 진시황의 일당제, 하나의 지도자, 하나의 이즘으로 천하를 통일하게 되었고 하나의 이즘으로 나라를 다스렸다. 그렇지만 진나라는 15년 밖에 버티지 못하고 중국역사에서 우담바라처럼 잠깐 나타났다가 사라졌다고 볼 수 있을 것이다. 당시 정국을 보면 본봉제가 독재정치보다는 사회경제 발전을 촉진시킬 수 있었고, 사상이나 의식의 진보에 유리하다고 볼 수 있었던 것이다. 춘추전국시대는 의식수준과 문화가 가장 찬란하였고, 여러 가지 학설이 대성황인 시기이기도 하다. 이 시기에 이미 공자, 노자, 묵자를 대표로 하는 3대 철학체계에 근거하여 제자백가가 대성황을 이루는 전무후무한 학술국면이 나타났다. 그러나 한무제는 또 제자백가를 배척하고 유가만을 떠 받들고 중시하였다. 이것 또한 독재정치가 아닌가? 분서갱유든, 유가만 중시하는 것은 사상의식면에서의 독재적 수단이고 백가쟁명百家爭鳴에 대한 탄압은 일어날 수 있는 의식혁명에 대한 두려움이 였을 것이다. 백가쟁명이란 여러 가지 학설들을 자유롭게 발표하고 논쟁하게 함으로써 사상 개방과 같은 의식혁명이 일어날 수 있는 것이다. 20세기 초 즉 전면적 서구화의 슬로건을 내건 5.4청년운동이 또한 중국역사에서 두 번째로 전통문화를 반성하고 민주와 과학을 따라야 한다는 정신 하에 '외적침략을 물리치고, 매국노를 제거'하려면 강국으로 나갈 수 있는 길은 신문화운동을 계속하고 발전시켜야 한다는 것이었다. 당시 이미 중일갑오전쟁을 통하여 서구사상이 중국 청년들에게 영향을 주었으며 1차 대전이 끝나고 파리조약에서 중국 산동에 주둔하고 있던 독일의 권익을 일본에 양도한 산동문제山東問題로 인하여 청년들은 당시 북양군벌정부에 대한 불만으로 운동을 일으킨 것이다. 당시 북양군벌정부는 국민당내에서 안정적인 정치적 지위를 얻지 못하였고, 손중산도 신해혁명이후 별로 큰 진전을 보지 못하고, 국민당이든 공산당이든 또한 내부 파벌 싸움을 하고 있을 때였다. 장개석이 손중산의 뜻을 계승하여 북벌전쟁을 여러 차례 하였으나 북양군벌의 권력과 기세가 하도 강하여 연이어 패배당 하던 시기이기도 하다. 5.4청년운동이 내건 슬로건을 북양군벌정부가 받아들였다는 것은 서구문명의 일부 관념도 받아 들였다고 볼 수 있다. 이들은 힘없는 유생이 아니고 손에 무기를 든 군인임에도, 학생들에 대하여 무기를 사용하지 않고 포용하는 태도를 취하였다고 볼 수 있다. 역사적인 가설은 무의미하지만 북양군벌정부가 당시 국민당에게 패하지 않았다고 가정해 보기도 한다. 5.4운동이 성공한 후 국민당과 손중산은 학생들이 국민혁명의 사조를 강당할 수 없음을 미리 알았던 것이다. 이렇게 국민당은 5.4운동을 통하여 유가사상을 타도한 결과 여전히 일당정치, 하나의 영수, 하나의 이즘을 실행하였고, 국내전쟁에서 대패하고 대만으로 영원한 후퇴를 한 것이다. 중화인문공화국 창립이후 1966년에서 1976년까지 청년단체 홍위병紅衛兵을 동원한 계급투쟁이 전개되였고 주로 비판투쟁, 가택수색, 고자질하는 문화행위을 하였다. 중국전통문화와 도덕을 말살하고, 전체경제가 완전히 파괴되고, 역사문화재가 파괴되고, 수천만 되는 사람들이 피해를 받았고 심지어 당시 국가 부주석이며 개국공신인 10대 원수도 박해받아 죽는다. 떵쏘우핑도 시골로 유배당한다. 이 기간을 공식적으로 무산계급문화대혁명(Great Proletarian Cultural Revolution)이라 하고 속칭으로는 '10년 대동란'이라고 부른다. 문화대혁명 초기 '낡은 사상, 낡은 문화, 낡은 풍습, 낡은 습관을 파괴破四舊'하라는 슬로건를 방침으로 모든 계층에서 문화대혁명이 파고 들었다. 이렇게 중국역사에서 3번째로 공자 죽이기 유가사상 타도하기 운동이 벌어졌는데 그 기세는 여는 때보다 컸고, 그 피해는 여는 때보다 참담했다. 여기에서의 낡은 사상은 공자와 노자장자의 뒤를 이은 한유韓愈, 주희朱熹를 시작하여 근대에 호적胡適, 왕양명王陽明를 거쳐 당시 지식인들을 봉건주의, 자산계급 대표인물로 지정하고 중국역사에서의 2차 분서焚書를 감행했다. 낡은 문화는 유가가 제창한 예의제도, 문학예술, 교육사상과 실천 등과 같이 정신세계를 모두 파괴하자는 것이었고, 낡은 풍습은 역사적으로 중국인들의 대대로 계승받아 내려온 풍속이 된 의식주, 명절, 관혼상제, 오락과 예절, 습관을 세속적인 낡은 문화로 규정하고 모두 파괴하는 것이고, 낡은 습관은 역사적 현실 속에서 또 장기간 삶에서 형성된 행위패턴, 풍조, 경향 즉 낡은 사상 낡은 문화가 낳은 낡은 습관으로 파생된 심리적 정서를 파괴하는 것이었다. 문화대혁명 후기에는 공자와 맹자를 비판하는 것이 주된 목표가 되었다. 주로 상지하우上知下愚는 공자가 언급한 구절인데 이를 등급제도를 유지하려는 썩고 낡은 유가사상이라고 하면서 비판 하였다. '상지하우'는 〈논어 양화편〉 에 나오는데 그 의미는 '(타고난 본성은 서로 비슷하거나 살면서 터득한 습성은 서로 차이가 많이 난다.) 가장 지혜로운 사람과 가장 어리석은 사람은 그 사람됨이 좀처럼 바뀌지 않는다'라는 인간 본성에 관한 언급인데 '슬기로운 사람은 상등급이고 아둔한 사람은 하등급'이라고 완전히 잘못 오독하고 '계급등급'으로 해석한 것이다. 이렇게 공자맹자 비판운동은 아주 빠른 속도로 유가법가를 투쟁하는 운동으로 의도적 왜곡을 통하여 다시는 기억하고 싶지 않는 투쟁역사로 남게 되었다. 이렇게 문화대혁명은 수많은 무고한 생명을 죽인 비인도적 운동이였고, 전국의 학교는 문을 닫고 대학입시도 정지되었고, 젊은 청년들은 교육기회를 놓치고 농촌에 내려가 노동을 하였고, 지식인은 산출되지 않았다. 이미 교육문화사업에 종사하던 교사, 의사, 예술가, 문학가, 과학기술자들은 모두 농촌으로 내려가 정신적 박해와 육체적 박해를 받아 죽었다. 소수민족들도 문화대혁명을 비껴가지 못하였다. 이슬람교 신자인 회족과 위글족은 종교를 상실하게 되었고, 변방에 있는 소수민족들은 스파이로 몰려 옥살이를 하였고, 사원에 보존하고 있던 5세대부터 9세대에 이르는 판첸라마(Panchan Lama)의 유골들은 모두 파헤침 당했다. 대량의 문화재는 불태워버렸고, 고전명승유적지들은 완전히 부숴버려 그 흔적을 없애버렸다. 문화대혁명의 반유가사상운동은 5.4청년운동시기 반유가운동의 지속이라고 볼 수도 있다. 이렇게 중국은 문화대혁명으로 인하여 2천년 넘게 맥을 이어온 철학적 사상의 지주였던 공자, 맹자, 한유, 주희로 이러져 온 사상을 근대와 현대에 걸쳐 중국경내에서 완전히 타도하였고 완전히 추방시켰던 것이다. 진시황이 반공자이든, 5.4시기 반공자이든, 문화대혁명이 반공자이든 모두 독재정치와 고도의 권력 집중을 야기하였고, '민주'란 그 어디에도 설 자리가 없었던 것은 확실하다. 이렇게 중국의 유가사상은 배를 타고 한국, 일본, 대만으로 가서 건전하게 새로운 형태로 발전되었다. 뿐만 아니라 수많은 중국인들의 이민을 통하여 차이나타운에서 유지되고 그 맥이 이어졌다고 볼 수 있다.

춘추전국시기에 연해지역인 곡부에서 시작된 유가사상은 중국대륙 중원지역으로 확산되어 중국인들의 사상의식의 기반이 되었다가 중국 대륙에서 쫓겨나 바다 건너 해외로 가서 안착하고 계승되고 발전되었다고 할 수 있다. 오늘날 중국에서 다시 유가사상 되찾기 운동을 하면서 공자학원을 세우고 '공자의 유가사상'을 되찾고 있다. 중국경내에 없으니 그가 있는 변두리로 가서 찾아야 겠다는 것이다. 오늘날 4차 산업혁명은 변두리와 중심이란 개념을 완전히 깬 의식체계이며, 융합이 코드로 작용하는 시대에 변두리가 곧 중심이고 중심이 곧 변두리이며, 자아와 타자가 만나고 '나'안에 있는 자아와 타자가 만나 융합을 이루는 시대에 들어온 것이다. 유가사상도 마찬가지이다. 외국에 보존된 유학사상, 전통문화, 전통관습을 배워오는 것이 바로 중국이 하나의 문화를 중심으로 문화대국을 꿈꾸며 세계에 우뚝 서려는 야무진 꿈일 것이다.

일본에서의 유가사상

서한西漢사상가 동중서董仲舒가 주장한 '백가를 폐지하고 유가만 떠받들자罷黜百家, 獨尊儒術'를 한무제가 채택한 이후 유가문화는 장기간동안 사회적 지휘가 가장 높은 시기였다. 그러나 420년부터 589년 남북조南北朝시기 불교가 중국에 전파되면서 불교문화와 유교문화는 함께 번성의 길로 들어섰고 오히려 유교문화는 불교문화의 도전에도 크나큰 포용성과 생명력을 가졌다. 이때 일본은 유가사상의 '수심, 제가, 치국, 평천하'중 '평천하'를 천하태평이라는 창의적 해석을 가하였고, '대동大同'으로 유가의 사회적 이상를 반영이기도 하였다. 문화적으로 일본은 유가의 대동사상을 실현하기 위하여 사람들을 조직하고, 사람들의 사상을 통일하여 조직시스템임이 제1이라고 규정하였고, 모든 것은 조직의 기본이념에 복종해야 하는 사회적 규범을 세운 것이다. 특히 20세기 70년대 유가의 이런 문화가 일본경제발전에 중요한 기능을 하였다. 고대일본 경제는 농업이 위주였고, 분산된 소농경제가 위주였기에 집중된 생산경영이 필요 없었기 때문에 이들은 다양성이 적합함을 인지하고 '자신을 공손하게 하면서 남쪽을 향해 천자의 자리에 앉아 계셨을 뿐이다恭己正南面' 와 '크게 무엇을 하지 않았는데 세상을 잘 다스리다無爲而治' 등과 같은 효률적인 경영수단을 사용하여 일본 농민들의 넓고 편안한 경제 환경에서 상납하는 상품이 적을수록 재생산을 유지할 수 있게 하였다. 이렇게 재생산을 하게 되면 농업생산을 신속히 발전할 수 있는 것이다. 또 행정권면에서 아주 정밀한 설계를 가지고 있는 한비자韓非子의 법가사상과 함께 변법술變法術로의 법, 인간관계 기술로 술術, 업무파악과 처리능력으로의 세勢사상 즉 법, 술, 세를 실질 행정업무에 잘 녹여 스며들게 하였다. 이런 법가사상의 주류들은 서구식 법률사상과는 다르며 기본적으로 봉건독재통치를 위해 설계한 것이기에 일본의 봉건 통치에 아주 유용하게 사용되었다. 유가문화가 일본문화에 준 영향을 놓고 보자면 일본인 '대화민족大和民族' 중의 이 '화和'자가 하나로 단결되고 하나의 구심력을 갖게 하는 민족정신을 상징하며, 이 '화' 가 바로 유가문화가 제창한 '화'문화이다. 즉 유가문화의 넓은 마음자세를 지닐 수 있는 문화이념을 일본에서 받아들이고 보존하여 일본의 '학습정신'을 지극히 확대시키고 발전시킨 것이라고 볼 수 있다. 일본은 유가문화의 '인본人本'사상을 기업경영에 결합시켜 사람을 근본으로 하는 이념으로 일본의 기업가들은 기업을 경영하였고, 이로 인하여 일본기업들의 장기고용제도와 연봉제는 실질적으로 고용제의 기능을 최소로 축소하고 노사관계를 기업내부로 끌어들여왔으며, 대규모적인 사회적 간섭을 막았고, 조직시스템을 조절하게 되였고, 조직시스템에 참여하는 개인과 개인 간의 관계를 유가문화의 조직윤리와 조직문화, 그리고 경영철학으로 실현했던 것이다. 중국유교문화의 '조화로움을 귀하게 여긴다和爲貴'는 사상을 일본기업에서 창조적으로 받아들여 '조화로움이 최고'라는 슬로건을 내 걸고 사람과 사람사이의 조화로운 관계를 유지하는 것을 기업의 목표로 했던 것이다. 오늘날 일본기업은 경영진과 고용인 사이, 회사직원사이, 기업과 고객 사이를 단순한 이익관계로 보지 않고, 서로 돕고 돕는 사이로 볼 수 있게 되었다. 7세기이후 법제제도 에서도 유가사상의 영향을 받았다. 당시의 법률 제1조 '조화로움을 귀하게, 순종함을 근본以和爲貴, 無忤爲宗'와 제4조 '대신이든 관청이든 모두 예를 근본으로群卿百寮, 以禮爲本'는 유가의 예법과 예식을 중시하였고, 제9조 '믿음은 의의 본이고, 모든 일에는 믿음이 있어야 한다信是義本, 事有信'라는 것은 공자의 '3강5상3綱5常' 중의 '인仁, 의義, 예禮, 지智, 신信'에서 비롯된 것이다. 그렇다고 일본은 중국유가문화를 계승하고 창조적인 개조만 한 것이 아니며 유가문화가 추구하는 안정성은 포기하였던 것이다. 이런 안정성 추구는 정치, 경제면에서의 보수성을 낳기 때문이라고 여겼던 것이다. 명지유신이후 일본은 아세아에서 근대화에 앞장섰으며 새로운 것에 대한 창조에 집중하고, 생산력 발전을 가져왔다.

한국에서의 유가사상

16세기 전까지 한반도의 철학 체계는 샤모니즘 신앙, 불교사상, 중국유학사상으로 크게 구분할 수 있을 것이다. 그 중에서 공자의 유학이 송나라 명나라 때 정주이학程朱理學 즉 성리학性理學이 한국의 이씨왕조 5백년 통치의 사상 기반이 되었다. 5백년 기간 한반도에서 성리학은 정성껏 발전하여 봉건시대의 한국인의 '의식구조'의 기초가 되었고, 1543년에 설립한 백운동서원白雲洞書院은 정부허락을 받고 공식적으로 성리학과 유가경전을 교육내용으로 학생을 배양하기 시작하였으며 이로 인하여 유교는 한반도 사람들의 사고방식과 행위방식이 되었다. 근대화로 들어서면서 유교는 '국교'로 지정되었고, 거듭되는 발전에 이어 활발한 논쟁과 성리학 유파들이 즐비하게 나타나기도 했다. 당시 불교의 인과설因果說, 윤회설輪回說, 화복설禍福說과 같은 것은 허학虛學이 라고 비판하면서, 성리학은 실학實學이라고 논술하였다. 유가사상에서 '사직社稷'관념이 한반도 민중의 논리적 사고와 의식체계를 형성하였고, '절의節義'관념이 한반도 민중의 올바른 기풍으로 규정 되었고, '인'사상은 한반도 민중의 정신적 지주가 되었다. 이런 유가사상, 유교철학, 유교문화가 한국역사에 스며들어갔을 뿐만 아니라 현대 한국인의 생활에도 완전히 녹여져 있다. 유교는 한국의 사회제도와 윤리규범 뿐만 아니라 의식형태구조와 문화방식을 창조하는 원천이기도 하였다. 대한민국 국기도 고대중국의 태극도太極圖에서 유래되었으며, 태극은 동양문화사상을 가지고 있는 철리와 신비를 내포하고 있다. 한글이 창조되기 전에 한자가 통용되었고, 현재 사용되고 있는 한자는 이미 중국고대한자 외에 재창조된 한글한자와 함께 사용되고 있다. 특히 기업문화는 가족지배와 가족경영방식을 선호한다. 재단법인도 재단 내 모체기업의 회장이 늘 핵심기업의 회장 직무를 겸하는 회장제이고, 가족이 지배하는 모체기업이 대부분 주식을 장악하고 있는 가족지배형 기업시스템이다. 이런 가족형 기업으로 한국기업은 대

그룹으로 성장할 수 있게 되었다. 특히 요즘 한국은 기업경영에도 중국의 고대문화를 섭취하는 바람이 풀어 경영관리학 분야 뿐만 아니라 시민 인문학 강좌같은 것이 운영되면서 〈논어〉, 〈맹자〉, 〈노자〉, 〈역경〉, 〈손자병법〉, 〈삼국지〉을 읽고 재해석하고 있으며, 특히 이런 고전들은 최고경영자과정의 인문학 필독서로 지정되고, 전 국민 인문학열풍에 있다고 해도 과언이 아니며 특히 〈삼국지〉는 한국형 버전이 수도 없이 많이 나와 있다.

동남아에서의 유가사상

조기 이민 간 화교들은 중국의 선진기술과 선진문화를 전파하였는데 주로 마쭈신사당媽祖廟, 관제묘關帝廟와 사찰을 지어 제사를 지내거나 공양하였으며, 집회나 모임 장소로 사용하기도 하였다. 이들은 가정에서나 사회생활에서나 여전히 중국식 직장문화, 풍속습관과 생활방식을 유지하였고, 중국어를 사용하는 동시에 서원書院을 세워 중국문화를 교육시키고 후세들에게 전파하였다 동남아로 이주한 화교들은 농경문화와 해양문화의 특징을 모두 구비하고 있었으며 개방성과 모험성을 겸비하였다. 16세기 서구문명이 세계로 확장되고 식민체계와 자본주의체계가 발전하고 있을 때 동남아 화교들은 근검절약하고 자본을 축적하여 서구경제에 눈 높이를 같이하여 경영방식을 배웠고, 협력을 중시하여 왔다. 이들은 중상주의(mercantilism)와 전통적인 종교, 향토적 유대관계를 결합하여 동남아에서 일찍부터 관계네트워크를 형성하고 상업네트워크까지 구축하였다. 16세기에서 19세기까지 이들은 연해지역에서 세계시장과 어울리면서 동남아 지역의 해양경제와 문화발전의 개척자로 역할하기도 하였다. 19세기 40년대에 말레시아와 싱가폴로 이민 간 지식인들은 유가문화가 싱가폴 민간사회에 대한 영향을 확대시켰다. 학교도 설립하고 유학과 관련되는 문화단체도 설립하였고 유가문화 전파에 앞장섰다. 특히 갑오전쟁이후에 이 지역에 유가부흥운동 붐을 일으키기도 하였다. 19세기 중엽 세계 자본주의 형성과 동시에 화교노동자들은 소상인으로 시작하여 자본축적을 통하여 농장경영과 광산업, 고무 산업을 경영하게 되였다. 생산과 도매업이 전문화되면서 동남아에서 초우쩌어 출신潮州人들이 동남아지역의 쌀 가공과 무역을 독점하면서 2차 대전이후에는 화교그룹들이 생겨나 '중화상회'같은 화교상인들이 분산되어 있다가 통합을 이루게 되었다. 20세기 70년대 아세아 '네 마리 작은 용(Four Asian Tigers)'의 출현과 동시에 한국, 대만, 홍콩, 싱가폴에서 이미 전통유학에 대한 개조를 완성하고 신동남아 유학을 창조함과 동시에 대만, 홍콩, 싱가폴은 새로운 화교문화의 중심지가 되었다. 개혁개방을 통한 유학과 이민열풍은 미국 실리콘벨리 화교들의 과학기술과 창의적 인문중심지가 되었고 20세기 90년대에는 다원문화와 경제중심에 서게 된 화교문화와 구축된 비즈니스네트워크는 화교사회가 한국이나 일본과 같이 한자문화권에서 문화주체적 지위가 더 명확하게 확립되게 되었다. 화교들은 주로 전통문화를 계승하고 창조적인 전환을 하여왔다. 예를 들면 '인자한 정치를 하다行仁政'라는 유가사상을 가족이 이끄는 발전주의로 전환하였고, 가족중심사상과 가족윤리질서를 가족자본주의가 발전할 수 있는 계기로 전환하였고, 교육을 중시하고 기회가 균등하다는 교육사상을 인력자원에 대한 개발로 전환하였다, 이와 동시에 화교들은 서구의 우수한 경영방식을 배우고, 과학기술과 창의성을 중시하였다. 뿐만 아리라 정의와 공평, 민주와 인권을 보호함을 중시하고 적극적으로 정치에 참여하고 정치를 논하였다. 화교문화는 유가를 대표로 하는 중국전통문화로서 즉 인본주의와 인문주의에 뿌리를 두었고, 품앗이 관념, 의이관義利觀과 같은 윤리적 규범과 도덕적 원칙을 이념으로 오늘날 유가문화가 시대의 축으로 21세기 문명에서 더욱 발전 할 수 있도록 화교사회에서 계승 발전하여 온 것이다.

제4장 올림픽:
올림픽을 통한 세계문대로의 갈망

4.1 국내에서 세계무대로

20세기 초 '5.4 운동'시기 두 가지 극단적인 현상은 전면서구화와 국수주의이다(협애한 민족주의). 진보적인 사상가들 중 자유주의를 추구하던 호적胡适, 사회주의를 추구하던 진독수陳獨秀, 대 문호인 노신魯迅등은 중국에서 기나긴 봉건사회에서 발전하고 형성된 정신, 도덕, 문화체계인 공자학설을 타도하고 공자를 구해내자는 구호를 처음 제기하였다. '5.4운동' 즉 신문화운동은 새로운 도덕관을 수립하고 낡은 도덕관을 버리자는 운동이다. 즉 낡은 중국을 개혁하여 새로운 중국을 건설하자는 것이다. 여기서 언급되는 낡은 도덕관은 공자를 대표로 하는 유교사상의 전통적인 도덕관을 가리킨다. 원세개袁世凱는 유교사상을 국교로 정하였는데 사서오경四書五經을 정권장악에만 악용하였다. 이런 것들이 바로 유교사상에 대한 내용적 부패로 이어졌다. 사실 이런 현상은 현재도 정치권에서는 진행형이라고 지적할 수 있다. 유교사상의 상징적인언어기호를 오독하여 정권유지를 위한 수단으로 삶고 있다. 우리는 이런 현상을 가려낼 수 있는 혜안을 가져야 한다. 다시 말해 유교사상을 들먹이면서 우리 사회에 존재하는 깨여있는 의식이나 정서들을 제거하려 하고, 민중의 불의에 대한 반항정신을 억압하고, 대중들을 운명에 순응하게 이용한다. 당시 '5.4운동'이 추켜든 깃발은 '민주'와 '과학'이다. 이는 유교사상전통에서 가장 결핍한 부분이기도 하고 20세기 초 중국이나 현대 중국도 가장 필요한 것이기도 하다. 과학지식에 대한 지향과 민주주의에 대한 열망을 가진 지식인들의 비판정신을 대표하는 것이 '5.4운동'의 비판정신이다. 그런데 이시기 나라를 구하겠다는 의지가 너무 강렬하였기에 지나치게 정치적이고 선동적이며 현실적이었다. 이런 애국주의로 인하여 지식탐구를 포기하고 학술활동을 포기하고 정치에 뛰어 들었고 나중에 정치에 의해 왜곡된 문화대혁명으로 이어지는 큰 대가를 치르기도 하였다.

중국은 계몽운동을 통하여 서양의 맑시즘에 관한 저서를 소개한 외에 루소(Rousseau), 볼테르(Voltaire), 몽테스키(Montesquieu)와 같은 인물에 대하여 아주 편협적이고 편파적이고 실용주의적인 이해에 만 그쳤다. 그러기에 당시 중국은 자유주의에 대한 이해나 민주주의에 대한 이해가 아주 편파적일 수밖에 없었다. 이 시기는 중국이 처음 서양문화인 인도불교문화를 받아들이던 고대중국 상황과는 아주아주 달랐다. 민주라는 개념은 서양에서도 다원적이다. 정치조직에서 민주형식에 이르기까지 우리가 보편적인 민주가치에 대한 인식과 민주가 구체적인 문화에서의 역할도 인식하여야 한다. 중국식 민주라는 것도 문화적인 전이를 통하여 체현된다. 중국은 전통적 사상에 대한계승과 버림, 서양문명에 대한 받아들임과 그 수용과정에서 문제가 가장 크다고 볼 수 있다. 특히 서양문화를 받아들이는 면에서 실패했다고 볼 수 있다. 가장 두드러지게 나타나는 것은 여전히 지식인들의 정치적경향문제이다. 지식인들이 정치화되면서 자존심, 자중감, 자아상과 같은 것들이 파괴되어 무력감으로 나타나고 심지어 학술연구는 더욱이 하지 않는 경향으로 나타났다. 가장 대표적인 인물로 모택동毛澤東이다. 진정한 학술계의 비정치적인 기능이 발휘되지 못한 점이다. 모택동 시대의 1957년 '반 우파투쟁反右運動'은 공산당 외부에 있는 모든 지식인들을 와해시켰고, 1966년부터 10년간 진행된 '문화대혁명운동文化大革命運動'이 또한 공산당 내부에 있는 지식인들을 완전히 와해시켰다. 개혁개방의 막을 연 떵쑈우핑鄧小平시대는 지식인들을 정치적으로 상대적인 독립체로 보기 시작하였고 '비판의식'이 싹트기 시작하였다. 그러나 지식인들의 정치로부터의 독립은 거리가 멀었고 지식인 자체들도 독립적 사회인격체로 서툴게 나타났다. 군중비판의식도 여전히 형성단계라고 볼 수 있다. 1989년 '탠안먼사건天安門事件' 혹은 '6.4사건'는 아직도 민감한 정치적 문제이며, 외신에서는 Tian'anmen Square protests라고 지칭하면서 이는 전형적인 군중비판의식에 대한 중국공산당 정부의 무력탄압이라고 하였다. 이 사건은 당시 국가주석인 후요우빵胡耀邦서거를 기념하기 위한 북경시 학생들과 군중이 천안문광장(Tian'anmen Square)에 모인 추모 활동으로 시작하여 통화팽창, 실업문제, 관료들의 부패, 정부 무능, 언론 자유, 결사結社 자유를 보장하라는 구호를 외치며 학생들이 단식에 들어갔고 전국 각지에서도 대학생들을 중심으로 같은 시위가 벌어지기 시작하였다. 이 사태를 수습하기 위하여 떵쇼우핑(당시 모든 직위에서 사임한 상태)과 국가 총리 리펑李鵬이 군인을 투입하여 무력으로 이 문제를 해결하였다. 당시 중국정부는 대규모 시위에 참석하거나 지지하는 사람들을 체포하고, 타 지역에서의 시위 활동도 금지 하였다. 게다가 중국정부는 신문매체 보도에 대하여 엄격히 통제하였고, 외신기자들마저도 찍은 사진이나 영상자료들을 외부로 발송하지 못하게 금지하였다. 이로 인하여 중국정부는 국제사회의 엄청난 비난을 받았다. 중국에 대한 경제 제재와 함께 중국에 대한 무기운송 금지령을 내리기도 하였다. 이 사건으로 인하여 당시 국가주석인 쪼우쯔양趙紫陽은 학생편에 섰다는 이유로 정권을 박탈당하고 '6.4 사태'와 연관된 주요 인사와 학생들은 해외로 망명하였다. 이들은 지금도 해외에서 활동하고 있으며 중국으로 돌아갈 수 없는 정치범으로 되어 있다. 이렇게 시작 된지 10년밖에 안 된 개혁개방정책이 침체되고 공산당 내부의 강경파들이 머리를 들기 시작하였다. 개혁파들은 80년대에 인권에 대한 개념, 민주에 대한 정치적 개혁을 시작도 제대로 하지 못하고 정지되었다. 당시 중국공산당이 이 사태를 '반혁명폭동反革命暴亂'으로 지정하였기에 오랜 세월 이 주제에 대한 언급이 금지되었고, 이에 대한 공개 토론활동은 더욱 금지되었다. 그 당시 투입된 군인들의 총과 대포에 맞아 사살된 학생들과 군중들에 대한 추모는 아직까지도 이루어지지 않고 있으며 심지어 사상자가 얼마인지 조차도 중국정부의 공식적인 자료를 공개하지 않고 있다. 당시 상해 공산당서기였던 짱쩌민江澤民이 학생운동진압에 적극적으로 나섰기에 '6.4 사태'이후 국가주석으로 위임되면서 중국은 짱쩌민江澤民시대를 맞게 된다.

중국의 유교적 전통의 가장 큰 결함은 독단정치專制政治와 결합된 것이다. 중국대륙의 학자들은 '봉건주의'와 합류한 유교는 아래와 같은 세 가지 특징으로 나타난다고 하였다. 첫째 지식인들이 독단정치와 결합하여 정치적 이해득실을 기준으로 하는 의식형태가 형성되어 현실정치 즉 현 정권에 이용되어 군중을 억압하고 통제하는 도구로 절락한 부분, 둘째 사회적으로는 보수주의로 유발되어 권위에 대하여 믿고 의지하게 되어 혁명적 정신을 상실하고 항의정신(protest)이 상실된 것이며, 셋째 인식론적인 입장에서 볼 때 과거의 선왕을 대표로 하는 정치적 입장을 핵심으로 하였기에 퇴보적이며 미래지향성이 결핍하며 현실적인 이해득실적인 사상을 돌파하지 못하는 것이다. 중국대륙의 유교적 전통은 이루 인하여 정치적으로 여전히 독단정치를 위한 것이고 사회적으로는 보수적이며 인식론적으로는 퇴보하고 시대에 뒤처진 사상이라 할 수 있다. 이것은 유교가 정치화된 이후의 현상이라고 볼 수 있다. 우리가 중국의 유교사상을 이해할 때 원초적인 유교사상과 정치화된 유교사상을 구분해야 한다. 중국은 한나라 한무제漢代漢武帝가 유교를 유일한 권위로 정한 후 유교사상을 정치적 주류사상으로 오늘날 까지 이어져 왔다. 이런 정치화된 유교는 선진시기 맹가, 순자荀子, 동종서董仲舒, 송명청시기 대유학가들, 5.4운동 이후 웅십력熊十力, 양수명梁漱溟, 당군의唐君毅, 모종삼牟宗三, 서복관徐▩觀이 대표로 하는 유교와는 완전히 다르다. 유교자체모습은 사회적 부패와 민생의 어려움에 비분을 느끼는 도덕적 관심이 정치로 전환되는 것이며, 현실정권에 의지하여 현실정권의 의식형태의 통치적 도구가 되는 것은 아니다. 종교의 정치화는 중국역사뿐만 아니라 세계사 어디에서도 흔히 볼 수 있다. 현실정치는 왜 종교를 이용하려 하는가는 줄 곧 논의되던 문제이기도 하다. 종교는 대중들의 생활에 깊숙이 자리 잡고 있으며 대중들의 마음을 어루만져준다. 초기 기독교는 세속적인 일과 신성한 일 사이를 구분 지었으나 중세에 들어오면서 교회와 정치권력은 매우 밀접한 관계를 가져왔으며, 불교도 당나라 때 궁궐정치와 아주 밀접하였고, 도교(全眞敎와太己敎)도 정치권력과 연관되어 있었고, 이슬람교 혹은 회교回敎는 심지어 교주가 대통령보다 지휘가 높은 나라도 있으며, 신도神道는 일본의 천황제도와 갈라놓을 수 없는 관계이고, 유교는 중국역사 전반에 걸려 현실 정치와 밀접한 관계를 가지고 있었다. 짱쩌민과 그의 후임인 후찐토우胡錦濤정부는 개혁개방을 하면서 모든 것은 '돈'을 위하여 라는 유행어까지 생길 정도로 철학적 사상을 잃어가는 시기라고 할 수 있겠다. 이를 인지한 공산당은 사회적 각종 모순을 해결하기 위하여 2004년에 '조화로운 사회和諧社會'를 건설하자는 전략적 목표를 세워 사회발전의 가치관과 방법론을 들고 나왔다. '조화로운 사회'를 구축하자는 주장은 중국전통적인 유가사상으로 중국사회를 통치할 구상에서 제기된 신앙의 회귀라고 할 수 있는 주장이기도 하다. 중국공산당은 조화로운 사회에도 투쟁은 있지만 평화로운 방식의 투쟁이며 부패 범죄와의 투쟁, 민중의 이익을 위협하는 행위와의 투쟁을 가리킨다고 지적하였다. 맑시즘의 의식형태를 견지하며 더욱 개선한다는 것이 공산당 정부의 목표이며 '조화로운 사회' 구축을 위하는 것은 사회경제발전보다 뒤쳐진 중국대중들의 문화의식과 생활양식을 높이려는 필연성에서 출발한 것이다. 2007년 중국은 씨찐핑習近平시대와 함께 '조화로운 사회'구축은 여러 가지 면에서 순조롭지만은 않다. '공정'과 '능률'에 대한 논의에서 개혁개방 초기에는 '능률이 우선이고 공정을 아울러 고려하다效率优先, 兼顧公平'라는 방침이었는데 결과적으로는 경제적성과는 이뤘지만 동시에 사회적인 불공정성이 문제가 되어 개혁개방을 심화하는 데 장애물로 된 것이다. 현실 중국을 놓고 볼 때 그 해석은 다양하다. 첫째 '조화로운 사회'구축은 '소강사회小康社會'에 대한 계승과 발전이며, 전자는 경제적인 요구 외에 정치, 문화, 사회 등 여러 방면에 대하여 모두 일정한 정의를 내리고 있다. 주요하게는 교육, 의료, 사회보장제도와 같은 공공부분 서비스의 기본적인 균등화, 민주권익보장제도, 사회상황과 민심표현의 경로를 넓히려는 것들이 보두 조화로운 사회의 내용이라고 재확립 할 수 있다. 둘째 공산당이 '조화로운 사회'구축을 제기한 것은 오늘날의 현실 중국사회가 조화롭지 못해서 라는 관점이다. 중국은 그 어느 때보다도 도전할 기회가 많다. '조화로운 사회' 구축은 과학적 사회주의 본질적 속성이며 동시에 개혁개방으로 인해 나타난 시회문제들 간의 부 조화로움은 사회주의제도 내에서 해결할 수 있는 문제라고 생각한다는 것이다. 셋째 '조화로운 사회'구축은 공산당이 신흥 자본가들에 대하여 흡수하고 타협하는 것이기에 신흥자본가들을 능동적으로 융합하고 침투시켜 조화롭게 공존하자는 공산당의 본질적 속성이 달라지기 시작하는 표징이라는 것이다. 셋째 중국 온라인 심사제도의 엄격함을 놓고 언론의 '조화로움'만 강조하고 언론의 '부조화로움'은 금지하는 것이 '조화로운 사회'인가 지적하는 의견도 있다. 중국지도자들에게 어떤 부분을 계승하고, 어떤 부분을 포기하고, 어떤 부분은 도입하고, 어떤 부분을 배척하는가가 아마 거대 중국을 이끌어 감에 있어서 사상적인 큰 과제일 것이다.

4.2 올림픽을 통한 중국이미지 구축

2008년 중국은 북경에서 '하나의 세계, 하나의 꿈(One World,One Dream)'이라는 슬로건 하에 '녹색올리픽, 과학기술올림픽, 인문올림픽(Green Olympic, Hi-tech Olympic, People's Olympic)'이라는 3대 이념을 내놓았으며 이 중에 인문올림픽이 내포하고 있는 가치관이 바로 '조화로움'을 체현하는 것이었다. '나와 너'인 올림픽 주제곡과 드라마

형식으로 중국역사와 문화를 이해할 수 있게 꾸민 개막식 공연으로 2008년 올림픽 개최로서 기본적인 취지를 완성했으며, 더 나아가 세계에 중국을 선전하고 자랑하는 큰 계기로 올림픽이 꼭 필요한 시점이기도 하였다. 중국은 올림픽을 통하여 정치, 경제, 역사, 문화, 사회, 과학기술 등 분야를 파노라마처럼 스캐닝하듯이 표현하였고, 특히 민감한 사회제도, 민족문제, 종교문제, 인권문제, 환경문제, 식품안전문제, 군사문제 등 분야도 클로즈업하는 형식으로 엿볼 수 있게 하였다. 올림픽 개최는 중국정부 개혁개방의 첫 성과물을 세계무대에 전시하는 글로벌 스탠다드 의식를 갖추는 기회이기도 하였다. 중국의 '거국체제擧國體制'에 대하여 새로운 안목으로 보여주는 계기가 되었고, 중국식사회주의를 이해 시켜려는 조금만한 노력이었고, 중국에 대한 오해와 편견을 개선하게 하는 기회였다고 중국정부는 보고 있다. 또한 중국 북경올림픽은 중국이 경제 강국으로 우뚝 서는 시작임을 알리는 전환점이며 세계 2대 경제강국인 즉 G2(Group of Two)로서 자존심 유지였다고 볼 수도 있다. 이런 중국정부의 노력이 미국과 일본에 어떤 이미지로 비쳐졌을까를 살펴보자.

미국에 비친 중국은 아마도 두 가지로 나누어서 설명하여야 할 것이다. 즉 정부측과 대중측이 중국정부에 대한 이미지는 다를 것이다. 미국시민들은 보수적이여서 전통적인 의식형태론적 가치관과 '냉전사고방식'으로 중국정부와 공산당을 평가할 것이기에 중국에 대한 그들의 인식은 부정적일 것이다. 그들은 중국정부는 뒤쳐져 있다고 평가한다. 그러나 엘리트계층은 비교적 현실적이고, 이성적이고, 융통성이 있는 인식론적 관점으로 평가하고 있다. 1979년 중국은 미국과 외교관계를 맺은 이래 중국정부에 대한 호감도를 도표로 표시하면 아래와 같다. 이 도표는 미국 Gallup이 매년 미국인을 대상으로 한 '중국에 대한 호감도'여론 조사 결과표이다.

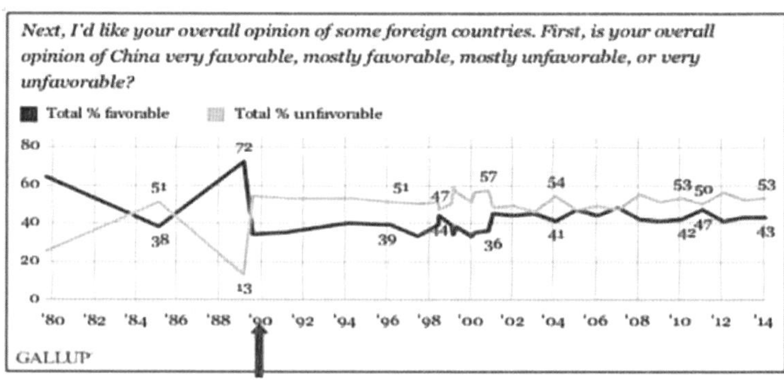

표에서 보다시피 1989년의 '6.4 사건'이 있은 후 기본상 안정적인 추세을 보이며 절반 이상 되는 미국인(옅은 색상)이 중국에 대하여 부정적이며, 중국에 대하여 긍정적인 미국인(짙은 색상)은 절반을 넘지 않는다. 35년간 중국과 미국 사이 수많은 외교적인 마찰이 있음에도 불구하고 비교적 안정적임을 알 수 있다. 이것은 또 다른 측면에서 중국정부가 어떤 형식의 변화를 가져와도 아직까지는 일당체제이고 아직까지는 언론탄압이 있으며 아직까지는 인권자유가 없는 나라라는 인식일 수도 있다. 올림픽으로 경제력으로 보여주는 중국은 진정한 언론

의 자유, 비판의 자유와 같은 자유의식을 대중들에게 심어주지 않는 한 별 큰 변화는 없음을 상징한다고 볼 수 있다. 그렇다면 미국의 엘리트들은 중국에 대해 어떤 이미지를 갖고 있을까? 아래 미국 여론 조사기관인 퓨 리서치 센터(Pew Research Center)에서 2013년에 진행한 '가장 걱정되는 중국의 사건들'이란 주제로 미국시민과 엘리트들을 조사한 결과이다.

皮尤研究中心 2013 年民调结果：美国普通人群与精英人群对中国的看法比较[1]

General Public More Concerned about Economic Issues with China

		Experts				
	General public	Gov't	Retired military	Business/ Trade	Scholars	News media
% Very serious problem for the U.S.	%	%	%	%	%	%
Large amount of American debt held by China	78	20	48	42	19	53
Loss of U.S. jobs to China	71	22	23	15	12	22
U.S. trade deficit with China	61	33	37	36	20	31
Cyber attacks from China	50	63	87	70	66	50
China's impact on global environment	50	48	25	35	35	47
China's growing military power	49	31	37	31	24	19
China's policies on human rights	48	39	15	16	15	22
Tensions between China and Taiwan	27	17	23	12	20	13
China's intellectual property infringement	--	50	60	62	40	41
Territorial disputes over the S. China Sea	--	26	27	22	30	13
China's exchange rate policy	--	28	19	27	15	25
N	1004	54	52	74	93	32

PEW RESEARCH CENTER Q30a-h, Q30i_EXPERT-Q30k_EXPERT.

보다시피 시민과 전문가 집단의 수치는 아주 크게 다른 양상을 보인다. 시민들은 '중국은 많은 미국부채를 지고 있다'(78%)와 '중국이 미국근로자들의 밥그릇을 빼앗다'(71%)로 중국에 가장 큰 불만을 가졌고, 전문가 집단은 '중국은 인터넷을 이용하여 미국에 대한 공격이 국가안전까지 위협 받는다'가 중국에 대한 가장 큰 불만으로 나타났다. 그리고 일반 미국시민은 20년 내에 중국이 군사 면에서 미국을 따라 잡을 것이라 하였지만 전문가 집단에서는 그렇지 않다고 하였다. 경제, 문화, 정치, 군사에 이르기 까지 모두 상당한 차이를 보였다.

일본도 중국과 1972년 외교관계를 맺고 1978년 우호협정조약을 맺은 이래 줄곧 외교마찰이 있었으며 두 나라 국민은 서로 협오감을 갖고 있다. 고대부터 근대를 거쳐 현대에 일으기까지 일본이 갖고 있는 중국관中國觀도 아주 다르다. 메지유신시기 일본은 중국을 '성인군자의 나라聖人君子之國'로 칭하였고, 명나라 전성기에는 중국을 배워야 할 나라고 간주하였고, 갑오전쟁에서 중국은 멸시의 대상이었고, 2차 세계대전에서 중국은 다시 '이상적인 인류의 나라'가 되었으나, 20세기 60년대 중국이 혼돈의 문화혁명을 격고 있을 때 일본은 세계 경제대국으로 우뚝 서면서 중국은 빈곤한 나라로 간주되었다. 개혁개방이래 즉 올림픽 이후 중국은 아편전쟁 이래 150년 동안 있어 본적 없는 '강력한 중국'으로 견제대상이 되었고, 경제 분야에서의 '중국위협론'까지 거론되면서 부정적인 안광으로 중국을 보고 있으며, '역사문제'에 대하여서는 두 나라가 모두 온도차이를 보여주고 있으며 이해득실관계로 인한 복잡 미묘한 관계를 현재 유지하고 있다. 즉 중국이 너무 쇄약하면 일본도 위기에 빠지게 되고, 중국이 너무 강대하면 일본 또한 상실감이 들기 때문에 일본내부에서도 중국에 대한 관점이 자아모순적 현상으로 나타난다. 그래서 일본인들은 남경대학살에 대한 규탄은 싫어하면서 삼국지와 한시가 있는 중국은 사랑하며, 일부 일본인들은 기술과 자금을 매개체로 중국과 전략적 동반자관계를 유지하며 감정적인 요소를 배제하고 실용주의적인 차원에서 두 나라 관계를 설정할 수 있다는 것이다. 단절된 관계에서 중국과 일본은 정상적인 왕래를 시작한 역사가 40년에 불과하기에 아직도 작은 문제(농약만두사건, 됴위도釣魚島분쟁)로 인하여 혐오감을 떨쳐버리지 못하기에 '두 나라 관계는 아직도 애티가 흐르는' 소년시기라고 볼 수 있다.

중국은 1992년 한국과 외교관계를 맺은 지 20년이 넘었으니 '중년부부'관계라고 칭하면서 보통부부들은 3일에 한 번씩 작은 말다툼을 하고, 10일에 한 번씩 감정상할 정도로 싸우며, 부부관계가 비교적 좋은 부부들은 1달에 한번 말다툼을 하고 1년에 한 번씩 감정상할 싸움을 한다로 비유할 수 있다. 만약 부부가 평생 한 번도 말다툼을 하지 않고 싸우지 않는 다면 정상적인 부부라고 할 수 없다는 설도 있다. 중국과 한국이 바로 이런 부부관계로서 모순은 있으나 아무리 심하게 싸워도 부부는 운명적 공동체이기에 언젠가는 화해할 것이라고 볼 수 있다.

4.3 공자학원을 통한 문화중국 전파

공자학원(Confucius Institute)은 중국이 해외에 있는 가장 중요한 홍보기관이며 중국정부가 직접 투자하여 중국어와 중국문화를 세계에 보급하고 전파하는 정부기관이다. 공자학원은 중국과 외국 대학이나 중학교, 교육기관과 합작하여 운영하며 운영비용과 교사지원은 모두 중국교육부에서 파견한다. 주요하게 중국어 위주로 강의하며 문화체험으로는 서예, 동양화그리기, 중의약체험, 종이공예剪紙, 중국춤배우기, 무술체조, 전통극체험, 민속악기다루기, 이야기회, 지식퀴스게임, 영화관람과 같은 활동을 실행한다. 세계 첫 번째 공자학원이 2004년 한국 서울에 세워졌고, 스위스스톡홀름대학교에 첫 유럽 공자학원이 세워지면서 2015년까지 전 세계에 493개 공자학원이 운영되고 있다.

중국정부는 2004년 중국사회가 발전할 전략적 목표를 수립하면서 '조화로운 사회和諧社會'라는 슬로건을 제기하였다. 중국이 개혁개방 10년 되던 해, 중국공산당은 의식형태에서의 위기에 처하게 된다. '고양이이론'으로 전 국민이 '돈'만 벌기 위해 고민하고, 지식인들은 기회 불공평을 인지하였고, 중국 사회의 경제체제는 자본주의 경제체제의 영향 하에 '개혁개방'에 대한 이즘 논쟁도 절정에 달하였고, 특히 재분배로 인한 불공정 문제가 민중의 강열한 분노를 자아냈다. 개혁개방초기부터 지식인들은 정치개혁을 주장하여 왔고, 외국에 있는 화교학자들과 자유, 인권, 권력 분리 등 내용들은 인터뷰를 통하여 지식계층과 대학생들에게 큰 영향을 주었다. 학생들은 '경제자유화, 민주, 법치'를 주장하였고, 특히 관료브로커官倒를 엄금하자는 구호를 부르면서 천안문 광장으로 몰렸다. 중국정부는 지식인들이 주장하는 서구식 생활방식과 자본주의 다당제는 중국의 전통가치관을 위배하고 사회주의 의식형태와 중국공산당의 리더능력을 배반하는 행위라고 판정하고 군인을 동원한 무력진압을 하였다. 이렇게 개혁개방 10년을 통하여 중국은 경험을 얻었고, 크나큰 대가를 치렀다. 이런 가치관의 부재와 이념 상실을 중국은 어디에선가 찾아야 했고, 방향을 제시해야 만 했다. 그것이 바로 공자였고, 유교의 '조화로움和諧'사상이었다. 즉 중국 문화와 철학을 대표하는 공자는 중국 문화의 중심일 뿐만 아니라 한자문화권, 화교사회의 사상적 기초를 제공한 인물이기도 하다. 공자라는 아이콘을 빼면 중국을 비롯한 한자문화권을 설명할 수 없다. 오늘날 공자는 이렇게 다시 '공자학원'으로 '부활'하게 되었고, 대내적으로 '공자사당'을 재건하고 참배하는 '예'와 '덕'실천에 열을 올리고, 대외적으로 교육기관을 통한 중국문화 전파에 열을 올렸다. 공자학원의 일차적인 목표는 중국어와 중국문화를 전파하는 것이지만 그 이면에서는 중국의 소프트웨어를 수출하고 있는 것이다. 언어와 문화, 언어와 사고형식은 깊숙이 상호관계를 짓고 있기에 언어를 배우려면 문화를 배워야 하고 고유의 문화를 이해하지 않고는 언어를 제대로 배울 수 없다. 한 언어를 배운다는 것은 그 나라의 역사, 철학, 문화, 사람들의 삶을 이해하고 받아들이는 과정이기도 하다. 중국은 고대부터 훌륭한 소프트웨어를 지니고 있다. 고대 4대 발명이며, 1차 실크로드에서의 수공예들이며, 5천년 찬란한 인문정신과 찬란한 문명이 오늘날 공자 학원을 통하여 또한 중국정부가 건립한 중국의 소프트웨어 문화를 세계각지에 전파함으로 그 부가가치가 산업으로 이어진다면 어마어마할 것이다. 비록 초창기의 목표는 단순하였지만 오늘날 중국의 영향력을 고려할 때 공자학원은 아마도 새로운 형태로 업그레이드 될 것이라고 생각된다.

'중국의 꿈'에 대하여 씨찐핑習近平은 정확하게 문화대국건설이라고 하였다. 즉 중국의 꿈을 실현하는 것은 중국의 길을 가는 것이고, 중국의 꿈을 실현하는 것은 중국의 정신을 넓게 펼치는 것이다. 이것이 애국주의 핵심이고 민족정신이며, 개혁과 혁신의 핵심이 되는 시대적 정신이라고 언급하였다. 중국은 이 꿈을 실현하기 위하여 문화산업에 대한 투자와 양성을 아낌없이 발양하고 있다. 특히 관광산업은 중국이 대내적으로 일자리를 창출하고 대외적으로 중국의 찬란한 문화를 소개할 수 있다. 무형문화재 보호 정책으로 중국의 토속 공연과 지방을 대표하는 요리, 서커스, 종이공예와 같은 것을 발굴할 수 있다. 대외적으로는 유네스코 인류무형문화유산에 등재운동을 벌이고, 특히 중국 고대건축을 기반으로 하는 현대건축과 맥을 잇는 노력에 지원을 아끼지 않는다. 한족중심으로 이루어지던 중국문화가 '대한족주의大漢族主義'를 극복하고 소수민족을 끌어안기 위하여 '중화주의中華主義'로 나가며 외국과 인접하고 중국대륙에서는 변두리에 거주하고 있던 소수민족들에게도 '문화중화' 혹은 '문화중국'이라는 슬로건 하에 역사에 없는 관심과 발전을 가져오고 있다. 중국은 대내적으로 '조화로움和諧'정책을 실시하고 대외적으로 '문화중국'을 전파하면서 공산당의 일당제를 더욱 확고히 하려고 노력하고 있으며 그 방법을 역사에서 배워 오고 있다. 왜 중국은 철학적 이념을 유가사상의 '화해和諧'로 정했을까? 중국 5천년 찬란한 역사를 돌이켜 보면 답이 나온다. 춘추시대(BC 6)부터 유가, 묵가 철학사상이 탄생했고, 전국시대(BC 4-2)에 도가, 법가와 같은 제자백가 철학사상이 대립과 논쟁을 하면서 활보했고, 진시황의 전국통일과 유방이 천하 재통일로 인하여 고대중국의 철학사상은 통일과 절충으로 갔고, 후한(BC 1)때 유교는 국교화가 된다. 이후로 불교의 전파로 고대중국철학은 유가, 도교, 불교가 협력하고 융합하면서 조화롭게 존재한다. 중국사회에서 유교가 국교화 된 고대중국은 유교의 내용을 계승하고 발전하는 작업을 거쳐 여러 사상분야에 영향을 주고 그 분야의 발전을 가져오기도 하였다. 첫 번째 분야는 인문사회계열의 존재방식을 규정하게 된다. 즉 세계의 모든 존재와 변화의 주재자인 천天과 백성을 이끌고 통치하는 천자天子가 동일시 되는 사상체계가 형성되고, 천자 즉 황제의 권력을 강화하여 중앙집권제 지배로 바꾸는 유교국교화의 순기능이 발휘되고, 두 번째로는 하늘아래에 사는 백성들은 천자의 정치적 지배근거로 종교적인 주재자로서 백성은 천자의 의지를 떠받들고 실행하는 교육을 통한 통치적 합리화를 하였다. 이런 교육은 신하를 포함한 백성들의 도덕적 실현에 그 목적이 있다고 주장하였기에 종교적, 도덕적, 정치적인 사상체계가 형성 되었다. 세 번째로는 진나라와 한나라가 통일제국 형성을 통하여 천자일원天子一元이라는 중앙권력이 강화되고, 고대중국의 세계관과 사상관인 '예교禮敎'로 예교국가가 형성된다. 그러나 얼마 안 가서 지방세력이 커지면서 유일한 정통사상이었던 유교사상도 지위가 떨어져 백성들은 도교나 불교를 믿기 시작하게 된다. 유교의 국교화는 봉건주의를 심화시켰고, 또 한족華과 소수민족夷간의 관계를 정돈하는 계기가 되었다. 주변 오랑캐들을 화하華夏왕조에 소속시키는 1차적인 동아시아 일체화를 실현했다. 조선반도, 베트남과 같은 왕조에서도 똑 같은 책봉체제를 실행하였다는 것을 가리킨다. 소수민족 몽고족이 지배한 원나라 청나라도 유교제도로 통치를 이어 왔다. 이렇게 중국은 100년 후에 다시 유교사상을 민족화합, 계층간 화합 등과 같은 사회 전반 분야에서의 통합을 이루는 코드로 사상이즘의 캐치프레이즈로 내세워 다변화 하고 다원화 한 새로운 세기를 맞이하고 있다.

제5장 웨이씬微信:
4차 산업혁명시기 차이나의 포지션

5.1 중국경제체제

중국은 예나 지금이나 자신이 중심이라고 생각하는 개념은 변하지 않고 있다. 어제의 중국도 앉아서 비즈니스를 했고 오늘의 중국도 앉아서 비즈니스를 한다고 해도 과언이 아니다. 중국 속담에 이런 말이 있다. 군인들은 침략하기 위하여 먼 대장정을 하고, 상인은 물건을 팔기 위하여 산을 넘고 물을 건너는 고된 여정도 참아낸다고 한다. 사람이 있으면 물건을 소모하고 사람이 모이면 문화가 생기고 사람이 모이면 무역거래가 형성되고, 이익이 창출된다. 대 장정이든 고된 여정이든 모두 '길'이 필요하다. 노신은 길이란 원래 없었는데 걷는 사람이 많다보니 '길'로 되었다고 하였다. 물론 노신이 가리는 길은 여러 가지 메타포적인 의미가 내포되어 있지만 육안으로 보이는 구체적인 길이든 육안으로 보이지 않는 추상적인 길이든 길은 길이다. 세상의 모든 '길'은 개척하는 선구자가 필요하고, 걷는 이가 필요하다. 왜 걸어야 하고 왜 개척해야 하는가의 문제는 아주 철학적이고 문화적인 문제이지만 우리는 오늘 사람이 걸어서 길을 만들고 사람이 길에서 작용을 하고 모여서 작용하고 모이면 경제활동이 일어남을 알고 있다.

고대중국은 거대농업대국이며 자급자족으로 살아왔다. 고대 중국경제는 왕조의 흥망성쇠와 직접 연결되어 있었다. 역사학자들은 대체적으로 중국의 경제중심은 북쪽지역에서 남쪽지역으로 아래와 같은 세 개 단계를 거쳐 획분 할 수 있다고 한다. 첫 단계는 삼국시대 변화로 인한 서진西晉말년이고, 두 번째 단계는 당나라의 안사의란安史之亂 즉 동진東晋에서 북송北宋말년이고, 세 번째 단계는 남쪽지역 경제가 황하중하류 경제를 초월하는 남송南宋건립과 아편전쟁까지이다. 11세기에서宋 13세기元 중국경제가 신속하게 발전하였고, 당시 사천四川에서는 종이로 된 초鈔라고 지칭하는 화폐가 생겨 유통하기 시작하였고, 원나라 때 전국적으로 널리 사용하기도 하였다. 대외무역은 송원宋元 시기에 가장 활발하였고, 이때 이미 대량의 해외무역으로 인하여 많은 은괴白銀가 중국으로 유입되었다. 명청明淸시기 중국은 보수적인 경제정책으로 인하여 농업을 중시하고 상업을 억제하는 정책을 장기적으로 집행하여 공업발전이 제한을 받게 되었다. 그러나 이 시기 서유럽에서는 아메리카대륙으로부터 대량의 밀과 같은 식량을 수입하고, 영국에서는 밀 생산을 포기하고 목축업으로 경제 패러다임이 전환되었다. 중세 유럽은 농업경제사회에서 공업과 상업이 위주인 사회경제의 패러다임이 전환되었다. 같은 시기에 가장 먼저 공업혁명을 일으켰지만 중국경제는 여전히 낙후된 상태였고 아편전쟁으로 인하여 중국의 보수적인 농업경제시스템마저 서양의 경제물결의 타격을 받게 된다. 근대에 들어서 즉 1927년 남경 국민정부시기부터 항일전쟁이 폭발하기 전까지 중국은 '10년 경제 황금기'가 있었다. 그러나 2차 세계대전이 끝나고 신중국이 건립된 후 구소련의 도움 하에 소련의 경제모델인 계획경제를 도입하였으며, 대약진운동과 문화대혁명을 거치면서 경제발전이란 거의 없었다. 1970년 말 떵쇼우핑鄧小平이 개혁개방정책을 언급하면서 중국대륙의 경제가 발전할 주요한 방향성이 생기게 되었고 경제모델이 계획경제에서 시장경제로 패러다임의 전환을 맞게 된다. 2015년 중국의 GDP는 유럽연맹과 미국을 이어 3대 경제체가 되었고, 미국 다음인 세계 2대 경제대국이 되었다.

농업을 중시하고 상업을 억제하는 정책((Physiocracy)

중국역사에서 황하유역이 선진先秦시기부터 상商, 주周, 진秦, 한漢대에 이르기까지 경제정치의 중심지며 이 지역은 황하의 북쪽에 위치한 지역이다. 진한秦漢시기에는 장원경제(manorial economy)가 형성되었고, 서한西漢말기에는 많은 사람들이 '상업'에 종사하기 시작하여 무역시장까지 생겨났고 잇따라 민간 부호들도 많이 생겨나기 시작하였다. 전쟁이 빈번해진 삼국 시기 북방지역은 인구도 급격히 감소하고 따라서 농업생산도 감소되어 경제중심이 북쪽지방에서 남쪽지방 즉 강남江南으로 전이되는 과정이 처음 일어났다. 위진남북조魏晉南北朝시기 장원경제가 널리 보급되였고, 서진西晉이 멸망하면서 북방의 장기적인 전쟁으로 인하여 농경지가 파괴된다. 북위北魏시기 농민들에게 농지를 나누어 준 제도를 시작으로 수당隨唐시기에는 균전제均田制를 널리 보급하고 실행한다.

수당隨唐이 건립되면서 실크로드경제가 신속한 발전을 가져오기 시작하였다. 화북지역의 농업경제생산은 역사상 가장 호황기를 맞이하였고, 624년에 당고조唐高祖의 전국통일을 계기로 경제는 회복되었으며 100년 넘게 고대중국의 경제는 비교적 안정적인 발전을 가져온다. 7년이나 넘는 '안사의난安史之亂'으로 인하여 황하유역의 토지는 파괴되었고 북쪽지역 경제는 마비상태가 되었지만 남방지역경제는 안정적이었다. 이시기 강남팔도江南八道와 사천지역은 전쟁의 영향을 크게 받지 않았고 농업과 수공업이 안정적인 발전을 거둔다. 농기기, 비료, 품종, 농약과 같은 진보적인 농업기술서도 나왔다. 균전제는 송나라 때에 와해되고 새로운 토지제도가 수립된다. 북송은 이미 오대십국五代十國시기 경제문화발전을 통하여 형형색색의 공업과 상업이 존재하였고 해외 여러 나라와의 무역도 아주 활발하게 진행되었는데 천주泉州, 명주明州, 광주廣州등 도시는 해외통상무역을 주로 하기시작한다. 대외통상무역은 남송시기에 들어와서 더 크고 활발하게 된다. 몽고군이 세운 원나라는 전국을 장악한 다음 해외무역을 금지하였고 명나라가 들어서면서 해외무역은 완전히 정지된다. 원나라는 몽고족이 통치하였기에 축산업이 위주이고 물물교환에 의지하였다. 유가사상의 영향을 덜 받았기에 정책적으로 상업활동을 억제하지 않았다. 그래서 이시기 상업경제가 아주 번영하였고 물산도 풍부하여 지상낙원이라고 부른다. 당시 수도 대도(현재 북경)는 세계에서도 유명한 상업중심도시였다. 상품교환을 위하여 원나라는 세계에서 가장 먼저 화폐유통제도를 도입하였고, 중국역사상 지폐로 화물유통을 시작한 시대이기도 하다. 이러한 상품교역은 원나라시기 교통업의 발전도 가져왔다. 육로를 개선하였고, 조운업도 개선되었고漕運, 내륙하천과 해로교통들도 모두 개선되었다. 명나라에 들어와서 해외무역은 지하 밀수무역으로 전환되면서 화폐는 은만銀本位 사용하였기에 당시 세계에서 백은白銀수요량이 3배나 되었다. 1567년에 명나라 조정에서 해외무역 금지령을 폐지하면서 대외무역 활동이 활발하게 진행되었다. 이시기 둔전정책屯田政策을 실행하여 군사둔전, 개인이 개발하는 상업용둔전商業屯田도 아주 성행하였다. 명나라시기 상업에 종사는 사람들의 사회적 지휘가 높아졌고 사대부와 비슷한 위치를 가지고 있었다. 그래서 '상인이자 선비다亦賈亦儒', '선비를 포기하고 상인이 되다棄儒就賈'와 같은 현상이 나타나기 시작하였고 상회商會나 업체(Company)같은 상업단체 혹은 상업그룹(Commercial Group)들이 확대되기 시작하였다. 수공업에서 명나라는 여전히 원나라 이어 장인제도匠籍制를 유지하였으며 강남을 중심으로 수공업이 고도의 발전을 가져왔고 상해 송강로안부松江潞安府에는 직기로 가득했으며, 남경일대에는 수많은 도자기공장이 운영되었다.

명나라의 또 다른 특색은 도시경제가 번영하였다는 것이다. 운하를 따라 상업용 선박이 끊이지 않았고 주변에 자리 잡은 제녕濟寧,회안淮安, 양주揚州등 도시는 빠른 발전을 가져왔고, 동남지역은 상품경제무역이 번영하여 전국적으로 경제적 집산지역으로 되었다. 이시기 전국에는 실크, 육류, 채소, 과일, 담배, 농작물, 도자기 등 상품이 부지기수였으며 대부분 대외무역을 통해 외화를 벌어들였다. 외국 상품들도 서양시계, 아메리카 담배등도 여러 도시에서 팔고 있었다. 청나라 때 중국에는 10대 그룹이 있었다. 진상晉商과 휘상徽商이 중국의 금융업을 지배하였고, 민상閩商과 조상潮商이 대외무역을 장악하였다. 청나라 정부가 직접 해상무역 정책을 실시하고 대만이 통일 되어서야 연해지역 무역을 조금씩 하기 시작하였다. 당시 화폐는 주로 은과 동이였고 강희康熙 만년에 민중봉기를 막기 위하여 광물금지정책禁礦政策을 실시하여 일정정도 공업과 상업의 발전을 가로막았다.

진상晉商은 산서성에 위치한 상회이다. 명청시기에 큰 성장을 거두었다. 주로 중국의 금융환전업(agiotage)을 독점하였기에 '중국의 베니스상인'이란 별칭이 붙기도 하였다. 청나라 초기에는 금융업票號에서 적금을 하는 서비스가 추가되어 근대 은행과 유사한 기능을 하였다. 최초 이 그룹은 군용물자(군용식량)를 운송하기 위하여 세워진 상회이며, 조정으로부터 '소금' 운송 권을 얻게 되어 큰 돈을 벌게 되었으며 자본축적이 되다보니 금융 산업을 시작했던 것이다. 조정과 손을 잡았기에 유상儒商 혹은 홍정상紅頂商이라 하였다. 산서성 자체에 소금,철, 석탄, 반류(礬),실크등 물자가 풍부하고 상품도 아주 다양하였으며 차 산업, 곡식, 인삼, 옥석, 모피, 면직물 사업을 겸하여 경영하였고 당시 '산서상회山西商會'라는 간판을 주요도시에 걸고 운영되었다.

휘상徽商은 안휘성남부 출신들이며 이 상회는 동진東晋시기에 형성되어 당송唐宋시기에 성장하여 명청明淸시기에 가장 높은 명성을 얻었다. 종족과 향당鄕黨을 통하여 경영되었고, 차 산업,목재산업,전당포산업을 시작으로 염상鹽商을 하면서 운수산업을 경영하게 되었고, 소금을 장사하다 보니 도매업을 경영하기도 하였다. 이들은 학교를 세워 훗날의 주희朱熹, 호적胡適과 같은 유명한 학자들을 배출하기도 하였다. 청나라 강희황제 때부터 조정에 기부하고 조정의 실권을 얻었으며 또 상회를 통하여 정부에서는 군수물자, 재난물자, 치수공사 등을 할 때 기부를 강요하여 사실상 국고 자금으로 사용된 것과 마찬가지 기능을 하였다.

민상閩商은 복건성 출신들이 운영한 상회이며, 한족이 복건성으로 이민하기 시작하면서 형성된 소수민족들이다. 이들은 16세기에 해양업이 발전되고 농업용토지가 줄어들면서 광동, 해남, 대만, 동남아로 이주해 간 남방계 한족이라고 한다. 근대에는 유럽, 아메리카, 일본으로 이주하여 해외에 이민된 화교 중에 가장 큰 집단이다. 당송시기 이들은 해양실크로드를 따라 실크, 약재, 설탕, 종이, 수공업품과 같은 상품을 상선에 싣고 세계각지를 다니면서 장사를 했다. '사람이 있는 곳에는 중국인이 있고, 중국인이 있는 곳에는 민인閩人이 있다'고 민상閩商들을 비유하였다.

조상潮商은 광동 거주한 상회이며 조상도 당나라 후기에 형성되어 송원명청시기에 절정으로 성장하였다. 이들을 '중국의 유태인'이라고 부른다. 송나라 때 대외무역에서 중국도자기 주요수출항구에 위치하였고, 원나라 때 인도네시아 항구에는 이미 조상潮商들이 무역흔적이 많았다고 기록되어 있다. 명나라 때 해양금지정책海禁政策을 실행하였다. 당시 대외무역은 정부에서 통제하는 공박무역貢舶貿易과 민간에서 경영하는 시박무역市舶貿易이 있었다. 명나라 정부는 공박무역을 통해서만 해외 무역을 할 수 있게 하였고, 결국에 몰락하고 말았다. 비록 명나라 초반과 중기에 민간해양무역은 불법으로 간주 되였지만 민영시박무역은 당시 보편적인 '능력만 있으면 외국무역선박과 밀수할 수 있었다'고 기록되어 있다. 이곳은 바다로 향하는 길이 열리면서 갈수록 많은 사람이 모이게 되었고, 당지사람들이 아무리 정성스럽게 경작을 하고 밭을 가꿔도 증가하는 인구 수요에 쌀공급이 부족하였다. 할 수 없어 조상潮商들은 쌀이 주산지인 동남아 일대 캄보디아와 같은 곳에서 대량의 식량을 수입해야 했던 것이다. 이래서 조상潮商은 '먹을 것이 풍요로운魚米之鄕' 상인으로 지칭하는 원인이다.

근대에 들어 서면서 홍정상인紅頂商人를 대표로 하고 '고이호유賈而好儒'의 정신적 기질과 '정경유착'을 특징으로 한 진상晋商과 휘상徽商는 청정부의 몰락과 함께 몰락하여 역사에서 사라졌다. '해적도 하고 장사도하다亦盜亦商'라는 농담을 듣고 있는 조상潮商은 바다와 인접한 특징을 살리고, '민을 근본民本'으로 발전의 동기로 삼고, 대외로 향하는 특성을 살린 조상潮商은 오늘날 까지도 휘황찬란한 성장을 거두고 있다. 이와 같이 '민民間'에서 원초적 동력을 얻어 해양무역으로 향한 민상閩商도 역사적인 시련 속에서 얼굴을 드러내고 있다.

이렇게 근대중국의 경제 특색은 이미 글로벌한 자본주의 경제체계를 보여주었고, 청나라 중엽 대외무역은 광주 한 도시에만 집중되었다가 아편전쟁으로 인하여 연해에 있는 상해, 천진, 녕파寧波, 청도青島 등지로 확대되었다. 1차 아편전쟁, 2차 아편전쟁, 태평천국운동太平天國運動으로 인하여 중국의 전통적 소농제 농업경제체제가 완전히 무너졌다. 이에 따라 통상항구가 열리면서부터 자유 노동력이 나타나기 시작하였고, 이는 중국식 자본주의가 발전할 수 있는 노동력 기초를 제공하였다. 1935년 국민정부에서 법정화폐法定貨幣를 지정하면서 5백년 동안지속해온 은화제銀本位幣制가 막을 내렸다. 1948년에 법폐를 폐지하고 금원권金圓券을 발행하였고, 1949년에 중화민국정부는 은원권銀圓券으로 금원권을 대체하였고, 중국공산당이 성립되면서 인민폐人民幣로 대체하여 현재까지 사용하고 있다.

5.2 1차 실크로드 개막

중국은 중앙아세아, 서아세아, 지중해 여러 나라와 육로를 통해 실크무역을 가장 먼저 시작하였다. 실크로드(Silk Road)라는 명칭은 독일 지질학자 Ferdinand Freiherr von Richthofen가 1877년에 편찬한 〈중국〉이라는 책에서 가장 먼저 사용하였고 그 이후로 학술계에서는 물론 대중적으로 널리 사용되면서 실크로드가 고유명사로 받아들여졌다. 실크로드는 오지 실크로드, 해상 실크로드, 초원 실크로드로 구분할 수 있다. 그러나 역사는 기록되기 위하여 존재하는 것이 아니라 존재하니깐 기록하는 것이라고 할 수 있겠다. 공식적으로 기록된 서역과의 경제와 문화적인 교류는 그렇게 쉽지가 않았다.

'장건착공張騫鑿空'를 보자, 장건은 기원전 138년에 한무제 명을 받고 흉노를 징벌하기 위하여 서역으로 떠난다. 장건은 온갖 고생을 다하고 기원전 126년에야 장안으로 돌아온다. 이렇게 장건은 서한시기 서역으로 통하는 길을 개척한 첫 번째 사람이 되었고 당시 서한사람들에게 처음으로 서역에 관한 정보와 지식을 얻게 된 계기이기도 하다. 기원전 119년 장건은 두 번째로 중앙아세아지역大宛, 서아세아康居, 중동지역安息으로 통상무역을 떠나게 된다. 두 번째 서역 행은 서한西漢의 영향력을 서역에 즉 중앙아세아, 서아세아, 중동지역으로 확대하게 되었고, 한나라와 서역 여러 민족 간의 우호적인 관계를 맺게 되었고, 경

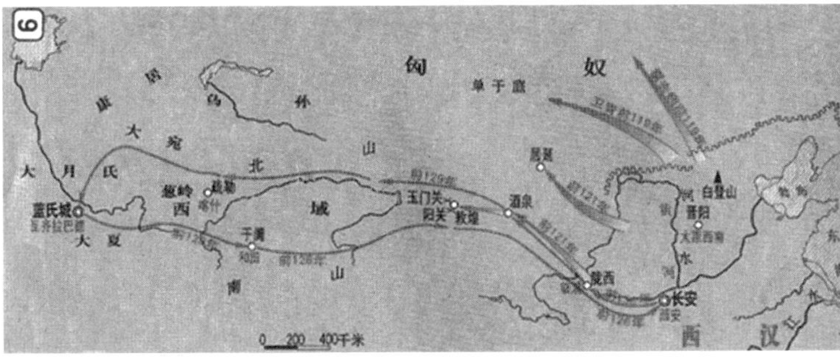

장건 서역으로 향한 흉노징벌

제와 문화면에서의 교류와 발전도 이루어졌다. 이후로부터 서한과 서역의 사절단 왕래는 빈번하였고 민간경제무역도 활발하였다. 이렇게 실크로드의 첫 번째 간선도로가 확립된 것이다.

이렇게 실크로드는 고대중국과 서양과의 정치경제문화 교류를 시작하는 통로가 되었고, '실크로드'는 동서양을 이어주는 대명사로 인지되었고 장건이 개통한 서북지역 실크로드는 공식적으로 북쪽 위치한 몽고고원을 통과한 다음 다시 서쪽으로 천산天山 북쪽으로 향하는 '초원실크로드'가 생겼고, 오늘의 서안西安에서 출발하여 사천성 청뚜成都를 거쳐 인도로 향하는 '서남실크로드'가 생겼다. 또 광주, 천주, 항주杭州, 양주등 연해지역에서 출발하여 남양으로 다시 남양에서 아라비아해안, 아프리카 동해안까지의 해상무역의 '해양 실크로드'가 있다.

고대중국은 오랜 기간을 거쳐 유목민족과 부락, 상인, 불교신자, 이슬람신자, 외교관, 병사들, 학술 고찰단들이 이 실크로드를 통하여 여러 가지 정치, 경제, 문화, 종교 교류를 하였다. 한무제가 흉노를 징벌하기 위하여 장건을 서역으로 보내는 첫 번째 실크로드 간선도로는 흉노를 완전히 제압하지 못하였기에 끊겼다 이어졌다 반복하면서 기원전 60년에 중앙왕조가 서역에 서영도호부西域都護府를 세우면서 동한 서한이 서역과의 교류는 막힘없이 활발하게 번창한 시대에 들어갔다.

중국에서 장사에 가장 뛰어난 소수민족인 회족回族이 바로 실크로드의 길을 따라 서역 페르시만, 이란, 이라크를 통하여 중국에서 향신료, 보석, 상아, 코뿔소와 중국의 실크, 중약재, 동기, 도자기 장사무역을 하다가 중국에 안착한 최초 이슬람교 신자들이다. 이들은 지금도 중국서북부 지역 즉 옛 실크로드가 통과하는 지역에서 살고 있다. 1405년부터 1433년까지 명나라 황제가 영향력을 과시하기 위하여 정화鄭和를 7번이나 서구로의 항해를 파견하는데 이것이 중국역사에서 그 유명한 정화하서양鄭和下西洋이고 그 정화가 바로 회족이다.

이 시기 실크로드를 통하여 경제무역을 얻었고, 생산기술 교류도 아주 활발하게 진행되었다. 중국의 실크, 중약재, 동기, 도자기와 같은 상품들과 서역의 보석, 상아, 향신료와 같은 물물교환 무역이 활발하게 진행되었다. 당나라에 들어와서 실크로드의 경제무역은 전성기를 맞게 된다. 당태종唐太宗은 외래 종교에 대하여 아주 너그럽게 받아 들였다. 인도의 불교도, 페르시아경교에 대하서도 아주 개방적이었으며 심지어 아라비아상인들에게 이슬람사원을 세워 주었는데 이 사원은 지금도 광주에 보존되어 있다. 당태종과 같은 삼라만상을 모두 품을 수 있는 황제가 있었기에 당시 '실크로드'는 세계 각국 상인들이 한없이 동경하는 황금길이 되었고, 100년 넘는 동안 경제 문화 교류의 황금기이기도 하였다. 당시 중국의 제지술이 서역으로 유입되었고, 서역에서 들어오는 상품은 호胡자로 시작되는 호금胡琴, 당근胡蘿卜, 오이胡瓜과 해海자로 시작하는 해당화海棠,석류海石榴,진주海珠와 같은 것들이며 대부분 명칭은 지금도 그대로 사용하고 있다. 당시 당나라는 세계 3백 여개 나라와 지역과 무역을 진행하였고 장안 즉 오늘의 서안은 세계대도시였다고 한다. 동서양에서 무역활동을 하는 상인들 주로 유럽상인, 서아시아와 중앙아시아 상인들과 중국 경내에 거주하고 있는 터키상인들인데 이들은 주로 금은, 보석, 양재, 기이한 조류와 짐승, 향신료, 죽포竹布와 같은 상품을 중국에 가져와 팔았고, 그들은 중국에서 주로 비단, 자수, 명주, 차잎, 도자기, 약재와 같은 상품을 구매하였다. 송나라에 들어오면서 오지 실크로드를 완전히 통제하였기에 원나라 시기에는 해양 실크로드가 부활하기 시작하였다.

마르코 폴로(Marco Polo)의 〈동방견문록〉에는 '이 도시에는 세계에서 가장 소중한 보물들이 없는 것이 없으며, 판매되는 상품 종류는 내가 가본 곳 그 어느 곳보다도 다양하다'고 적혀 있다. 원나라 몽고군은

3차례에 걸쳐 징벌에 나선다. 서쪽으로는 유럽으로 남쪽으로는 아세아 지역으로 출병하여 그 세력을 확장하였으며, 유럽아세아지역의 국제상업무역은 다시 활발하게 진행된다. 그러나 원나라가 실크로드를 통한 교류목적이 바뀜에 따라 경제무역을 억제하였고 해상도로를 봉쇄하게 되며, 주로 종교적인 문화교류를 중점으로 이루어진다. 명청시기에는 쇄국정책(policy of seclusion)을 실행하는 동시에 조선업 기술과 항해기술이 발전하였지만 실크로드로 통하는 무역은 완전히 몰락하였다. 앞에서 언급하였다 시피 회족인 정하가 명나라 왕실의 명을 받들고 서양으로 7차례 항해를 했다. 명나라의 뛰어난 조선 기술로 제작된 62척 배에 실크, 도자기, 차잎, 금 장신구, 은제품들을 가득 싣고, 27800인이나 되는 사람을 인솔하였는데 군인과 선원을 제외하고 기술자, 통역관, 의사들도 동행했다. 정화는 1405년에 유가항劉家港(현 강소성태창류하太倉瀏河)에서 성대하게 출발식을 가지고, 첫 서양으로의 항해를 시작하였다. 그중 정화가 탄 1호 배는 길이가 132미터이고 넓이는 54미터에 달하고 선원은 수천명이였다. 배에는 항해도가 구비되어 있었고, 지남침과 항해설비들이 모두 구비 되어 있었다. 이 첫 번째 항해는 서양이라기보다는 남부 아세아의 베트남, 자바 섬, 인도네시아, 말레이시아, 인도남부 등 10개 국을 경유하여 2년 만에 돌아왔다. 그 다음 6번 더 항해를 하였는데 중남군도, 남양군도, 방글라데시, 인도, 이란, 아라비아 지역을 거쳐 가장 멀리로는 아프리카 동해안과 홍해연안까지 항해 하였다. 1433년 63세 고령인 정화는 마지막 항해도중

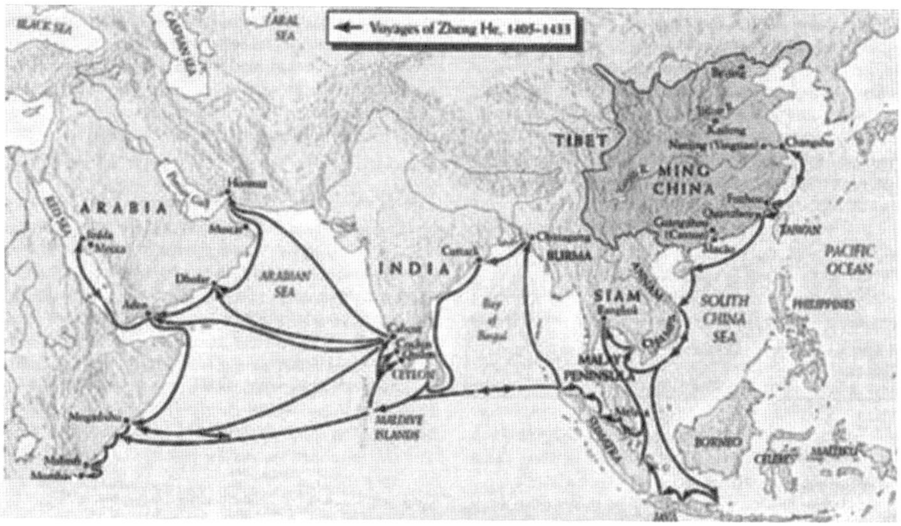

1405년부터 1433년까지 정화가 7번 동남아, 서구로 항해하여 아프리카까지 도착

고리부(Gulifo)에서 사망한다. 정화가 서양으로 항해를 하게 된 진정한 계기는 명성조明成祖가 무력으로 조카한테서 황위를 빼앗았는데 조카는 도망가고 죽었는지 살았는지 확인이 되지 않은 상태였다. 민간에서는 조카 건무제建文帝가 도망쳐 스님이 되었다는 손문이 파다하였다. 그래서 명성조明成祖는 조카가 다시 돌아와 본인을 징벌할 까봐 두려워서 비밀리에 이삼년 동안이나 심복을 통해 찾아봤지만 헛 수고 였다. 혹시 조카가 외국으로 도망갔을 수도 있다고 의심하여 항해 사업을 시작하였다고 한다. 그는 당신 내시였던 정화를 지명하여 항해도 하고, 조카의 행방도 알아보고, 보석도 좀 사고, 명나라 황실의 위엄도 보여줄 겸 이 엄청난 역사에 남을 항해를 시작했다는 것이 정설로 기

록되어 있다. 정화의 무장선대 해상 항해는 정치적 군사적 홍보적 면에서 아마 어마어마했을 것이다. 정화선대는 도착하는 곳 마다 명나라의 위력을 떨쳤고, 명나라 황제를 대신하여 중국 특산품을 국왕들에게 하사했고, 중국방문을 요청하기도 하였다. 정화가 빈손으로 돌아온 것이 아니라 여러 나라 국왕들로부터 '공납받은' 상아, 향신료, 산호, 보석뿐만 아니라 돌아올 때 직접 사절단을 배에 태워 함께 오기도 하였다. 정화선대의 항해로 외교적으로 칼리만탄섬, 필리핀, 말레이시아 등 나라의 국왕과 왕후가 명나라를 공식적으로 방문하였다. 서양인들은 15세기 초에 중국이 제해권制海權을 포기한 것에 대하여 아직도 '천년의 미스테리'로 생각하고 있다. 사실 그 대답은 아주 간단하다. 봉건군주가 '허장성세'정치 즉 오늘날로 말하자면 '치적사업'의 전형적인 증세이다. 거액의 자금을 들여 정치적인 순회공연을 함으로서 대외적으로 명나라의 무력을 과시하고 위세를 부리는 것을 얻었고, 또 대내적으로는 조정내부에서 황제가 무력으로 권력을 탈취한데 대한 불만과 멸시를 해소할 수 있었던 것이다. 또 하나는 사전 〈永樂大典〉이 편찬되었고, 수도를 장강이남 금릉金陵에서 만리장성에서 가까운 북경北京으로 이전하였고, 중국역사에서의 중요한 쓸쓸한 찬바람만 불던 몇 백년이나 된 만리장성을 재건하였다. 국경을 지키고, 인구를 꽉 잡고 있는 것이 명나라 청나라가 실행한 해양금지정책의 진정한 목표였다. 이들에게 세계에서 가장 큰 해양은 세계에서 가장 큰 산맥과 같이 하늘이 하사한 무대가 만리장성과도 같다고 생각한 것이다. 든든한

배와 무서운 대포가 중국대륙으로 접근해 올 때에야 '달콤한 꿈'에서 깨고 정신 차리게 된 것이다. 바다로 통하는 길이 가장 빠르고 가장 넓은 길이라는 것을 인제서야 알게 되었고, 당시에는 바다로 통하는 길은 서양인의 길이지 자신들의 길이 아니라고 생각했을 지도 모른다. 정화의 서양으로의 항해는 이렇게 정화의 전기적 이야기로만 남게 되었다. 정화이후로는 중국역사에 두 번째 '정화'는 다시 나타나지 않았다.

5.3 신 실크로드 구축

고양이 쥐잡기

중국은 기나긴 폐쇄정책을 끝내고 대내적으로는 개혁하고, 대외적으로는 개방한다는 슬로건 하에 역사에 전무후무한 '개혁개방'정책을 실행하기 시작하였다. 이와 보조를 같이 한 것은 '공업현대화, 농업현대화, 국방현대화, 과학기술현대'이다. 2012년에는 정부의 낡은 행정관리를 '현대화한 행정관리체제와 행정관리능력(Governance system and governance capacity)'으로 개혁한다는 통치의 행정관리분야의 현대화를 추가하였다. 경제 분야에서는 시장이 자원배분(Resource Allocation)을 효과적으로 그 기능을 수행시키려는 노력이었다. '4가지 현대화'는 당시 중국은 기초시설이 낡후되고 빈약한 상태이다. 생산력

을 발전시키는데 행정관리체제가 장애물로 작용하고 있었다. '4자기 현대화'를 실현하는데 장애로 작용하는 사회 지배 구조 층의 관리감독을 감소하기 위하여 행정관리체제를 개혁하고 행정관리능력과 효률을 높이려는 것이었다. 이렇게 함으로써 개혁의 총체적인 목표를 확고부동하게 밀고 나가고 체제의 모델선택과 가치체계구축 등 문제를 해결할 수 있게 되었다고 중국은 보는 것이다. 생산력을 높이는 관건은 생산력발전에 장애가 되는 경제체제를 개혁하고 중국식사회주의에 맞는 경제체제를 도입하여야 생산력 발전을 촉진할 수 있다는 것이다. 그래서 당시 '개혁'은 생산력을 발전시키려면 '과학기술'이 발전되어야 함을 인지하고 '과학기술이 곧 생산력이다'라는 슬로건을 걸고 대대적인 캠페인을 전개하였다. 초기의 개혁개방은 문화대혁명으로 인하여 10년이나 중지되었던 대학수학능력시험高考제도를 회복하였고, 완전히 마비된 대학교 기능을 회복하기 위하여 가장 필요로 하는

중점대학, 의과대학, 사범대학, 농업대학을 위주로 먼저 학생을 선발하여 졸업시키고 졸업자들을 국가에서 통일적으로 필요한 자리에 배치하였다. 1977년 회복된 대학수학능력시험제도는 중국이 21세기 들어서 경제를 발전시키고 도약할 수 있는 좋은 기초를 닦아 주었다. 다른 한 편 중국은 체제적으로 보면 사회주의이기에 그 핵심적인 본질은 '착취를 없애고, 양극화를 제거'하는 것인데 개혁개방 방법론으로 인하여 우왕좌왕하던 시기 '흰 고양이든 검은 고양이든 쥐만 잡으면 좋은 고양이'라는 떵쑈우핑鄧小平의 메타포적인 지시로 인하여 전국 각 계층에서는 '돈벌이向錢(前)看'를 위하여 정부기관의 공무원들이 든든한 '철밥통鐵飯碗'을 버리고 모험이 큰 상업 활동에 뛰어 드는 비지니스바람下海經商熱이 일어났다. 이렇게 개혁개방 정책 6년째 되던 1984년에는 전 국민이 장사하는 열이 전국적으로 불었는데 통계에 의하면 1987년과 1993년을 거쳐 전국민장사바람全民經商熱이 3번째로 고조되었다고 기록되어 있다. 당시 가장 인기 있는 직업은 택시기사, 자영업자, 주방장 순이었고, 가장 낮은 직업은 과학자, 의사, 교사 순이었다. '수술칼을 든 의사는 면도칼을 든 이발사보다 못하고, 유도탄 미사일 연구자는 차엽단茶叶蛋 장사군보다 못하다'는 유행어들이 당시 상황을 명확하게 반영한다. 그리고 대외적으로의 개방은 미국, 일본, 한국 등 나라와 외교관계의 정상화조약을 체결하여 대학졸업자, 대학원진학자, 대학교수들에게는 출국바람出國熱이 불어 대학졸업자와 젊은 대학교수들에게는 외국어 배우는 열풍이 일었고 외국으로 대학원 공부, 연구원으로 가게 되었다. 이런 출국열은 한 동안 지속되다가 현재에는 그 패러다임이 변화되었다. 중국정부는 농민들을 아프리카로 이주시키는 정책을 실행한 것이다. 수천 수만 명이나 되는 자유노동력 농민들을 아프리카로 이주시켜 농경지 개발과 같은 자원개발이나 상업 활동을 하게 된다. 이렇게 중국농민들은 아프리카에서 농업의 개척선구자가 되고 잇따라 가공업과 무역업이 발전되는 아프리카보정마을(Baoding village in Africa 非洲保定村)이 바로 신형 이주 모델이다. 현재 중국 농민 이주자는 아프리카 27개 나라에 분포되어 있고, 40만경 넘는 토지를 경영하고 있으며 근 100년 사용할 수 있는 권한을 당지정부로부터 허가 받았다. 이것은 비 노동력 수출과 노동력 수출이 함께 실행되는 경제정책이 낳은 모델이다.

'황금알'이 들어오면서鴨蛋滾滾來부터 곳곳에서 '열매'가 무르익기桃李朵朵開까지

중국의 13억 소비력과 13억 노동력이 시장경제체제로의 패러다임전환에서 거둔 것은 경이로운 경제 성장일 것이다. 중화인민공화국 창립 당시 중국총인구는 5억이고 경제 후진국이라고 기록되어 있다. '사람이 많아야 힘도 세다人多力量大'라는 슬로건 하에 개혁개방시기에는 9억 명으로 기록되었으며 개혁개방하면서 자유노동력인 농촌인구가 도시로 일자리 찾아 이동하면서 중국인구는 10억을 돌파하고 오늘날 13억이라는 인구대국이 되었다. 사회학자들이 서유럽과 구 소련의 사회주의 체제 나라들이 붕괴를 분석한 결과 출산률과 밀접한 관계가 있다는 것이다. 이시기 사회주의 체제가 붕괴된 나라들의 출산률이 사상 가장 낮았다는 것이다. 이와 반대로 중국은 개혁개방을 하면서 출산률이 높아져 호적없이 태어난 '검은아이黑孩子'와 과태료까지 지불하면서 태어난 '둘째아이二胎'들로 출산률이 가장 높은 시기로 기록되어 있다. 이런 거대인구를 지닌 노동력은 세계시장을 상대로 물건 만들기를 시작하면서 수많은 자유노동력을 흡수하게 되었고, 또한 이 노동력들이 소비자로 증가되면서 내수시장이 활성화되었고, 이로 인하여 중국은 경제성장의 동력을 얻게 되었다. 중국기업들은 내수시장만으로도 어마어마한 성장세를 가지게 되었고, 중국자체의 내수시장이 세계 시장의 5분의 1을 차지한 다고 하니 중국기업이 거대기업으로 성장할 발판이 만들어지지 않을 수 없다는 것을 예견할 수 있을 것이다.

일용잡화박람회시장 - 이오義烏

이오義烏는 절강성浙江省에 위치하고 있는 작은 도시였다. 일용잡화 제조업 공장들을 설립하여 상품을 중국경내에 유통하고, 외국으로 수출하는 무역을 주로 하고 있다. 전형적인 '무역과 제조업이 연동'되는 경제모델이다. 이오義烏도매시장을 외신들은 세계에서 가장 큰 일용잡화 집산지라고 칭하기도 한다. 이오義烏에서는 주로 와이셔츠가공업,

액세서리, 지퍼, 단추, 편직물과 같은 상품을 생산하는데 고대부터 이곳은 염직물 장인, 목수, 주석세공인錫匠, 재봉사, 철공, 은세공 들이 많아 이들은 개혁개방의 바람을 타고 자영업을 시작하면서 유관된 상품을 생산하는 공장을 세워 성장한 케이스이다. 개혁개방 초기 즉 20년전 이오義烏시장는 중국 상인들만 찾았던 작은 도매업 지역이었지만 현재에는 3천개나 되는 외국 기업과 2만 명이니 되는 외국 무역상들이 이오일용잡화박람회義烏小商品博覽會를 통하여 상품을 사고판다. 바이어들을 더 많이 끌어 들이기 위하여 유관 서비스업도 잇따라 발전하였는데 외식업, 호텔업, 운송업, 광고업 등 다양한 분야에서도 두각을 나타내고 있고 이오義烏에는 3인 중 1인이 상인이라는 말도 있다.

알리페이(Alipay)

오늘의 전자상거래 하루매출 10조를 달성한 거대 공룡그룹인 마윈馬云은 '비지니스바람下海熱'의 전형적인인물이다. 그는 교수직을 그만두고 상업에 뛰어들어 실패도 많이 하였지만 오늘의 알리바바(Alibaba)그룹의 창시자이자 오너이며, 오늘은 '알리페이支付宝' 금융시스템으로 유우커가 가는 곳마다 쉽고 간단하게 결제하고, 온라인에서 쉽게 결제할 수 있게 하였다. 알리페이는 중국의 경제체제가 4차산업에 맞게 시스템의 패러다임전환을 하는 상징이기고 하다. 이로 인하여 게임, 금융, 물류 등 사업도 공격적인 혁신을 진행하여 그 산업영역들을 확대하고 있다.

짝퉁이 브랜드로

중국은 모든 상품을 만드는 세계공장에서 시작하여 '메이더 인 차이나'란 또한 모든 물건을 모방해낼 수 있는 공장이라는 의미도 담고 있다. '짝퉁'이라는 단어는 중국 상품을 지칭하는 고유명사가 되었다. 창조를 위해서는 모방을 해야 하고 모방은 선진국을 따라 잡는 가장 빠른 길이라고 생각했기 때문이다. 중국 짝퉁상품으로 인하여 세계에 있는 많은 기업들은 소비자로부터 신뢰도가 떨어지고 브랜드 가치마저 하락되고 잇따른 경제손실이 크기 때문에 이들은 중국정부에 대하여 거센 항의와 조치를 취하기 바랬다. 그러나 짝퉁상품들은 중국에만 국한 된 일만이 아니라는 것을 우리는 잘 알고 있다. 선진국 기술을 따라 잡기 위하여 개발도상국가들은 기술적인 '모방'을 선택한다. 이런 '모방'과 '짝퉁'사이의 차이는 현대에 들어서면서 벤치마킹이라고 칭한다. 개혁개방이후 중국은 독일에서 폐기하는 중공업기기들을 들여왔고, 그 기기들을 보수관리를 하면서 기술을 연마하고 그에 기초하여 비슷한 기기들을 생산한 사례는 중국에만 국한 된 것이 아닐 것이다. 일본도, 한국도 이런 면에서는 자유롭지 못할 것이다. 현재 중국의 대부분 제조업이 모방적인 창의력으로 새로운 제품 생산을 하고 있는 것이 사실이다. 여기에 마케팅이라는 통로로 홍보전략을 잘 짜서 시장에 유통시켜 소비자들에게 전달하는 것은 '소비자마음' 읽기일 것이다.

쑈우미小米는 '애플짝퉁이'이라는 오명을 쓰고 시작하였는데 적절한 '모든 사람이 살 수 있는 제품'으로 컨셉을 잡고 이미지화하였고, 마케팅과 유통의 혁신으로 마진율을 남겨 저렴한 가격으로 쑈우미핸드폰을 출시하였다. 그리고 가장 중요한 소비자층 확보를 명확히 한 것이다. 젊은 소비자층이 많이 사용하는 인터넷만 통해서 판매를 시작하였다. 경제용어로는 헝거마케팅 수법을 사용하는데 즉 제한된 시간에 제한된 구입처에서 제한된 상품을 구입하는 심리전술인데 아주 적중하게 상품구매자들의 심리를 읽었던 것이다. 이런 두뇌를 가동할 수 있는 창립멤버들의 '두뇌층'이 있었던 것이다. 이들은 중국 대학수능시험이 회복한 다음 80년대 중국에서 대학을 졸업한 유학파들이다. 현재는 중국에서 철회한 구글 중국지사연구원, 모토로라 중국지사연구원, 대학교교수들이 모여 핸드폰을 생산하고 판매하고 브랜드화하여 성공한 케이스이다. 상품 뒤에는 현대과학기술을 가진 '사람'이 있어야 한다는 것을 우리는 알고 있다. 스마트폰이 사용하는 iOS나 Android 운영체제가 아닌 쑈우미는 독자적인 MIUI라는 운영체제를 개발함으로써 기술에서도 혁신을 이룰 수 있게 되었다. 이렇게 모방과 벤치마킹의 경계가 모호하듯 초기단계에는 모방이던 쑈우미가 기술적인 혁신을 통해 진정한 자신의 버전을 가짐으로 현재 26개 언어 버전이 나와 1억 명 이상이 사용하고 있는 제품으로 명실상부한 브랜드 상품으로 되었다.

스캔 하세요 - 명함 필요 없어요

빌 게이츠의 하드웨어, 스티브 잡스의 소프트웨어로 우리는 오늘날 무선인터넷 세대에서 살고 있다. 사람은 모여서 사회가 되고 모이면 소통한다. 인류역사에서 소통이라는 단어가 오늘날처럼 많이 사용되어 본 적은 없는 것 같다. 기술 혁명이 우리를 시공간을 초월한 소통을 할 수 있게 하였고, 우리의 지식습득 시간을 줄여주었고 우리는 더 쉽게 노출되기도 한다. 웨이씬(微信WeChat)는 중국의 민간 IT기업인 텅쉰騰訊이 스마트폰기기 사용자를 위하여 개발한 Instant Messaging인데 무선인터넷을 통하여 통신하는 시스템이다. 이 시스템은 두 사람 혹은 무선인터넷 사용자 여러 명이 동시에 문자 수신, 파일, 음성수신, 화상 캠으로 교류할 수 있는 시스템이다. 각국은 모두 자국의 스마트폰 앱이 있는데 한국의 카카오톡, 중국의 웨이씬, 일본의 line, 미국의 Facebook은 모두 이런 소셜커뮤니케이팅 할 수 있는 프로그램이다. 중국인들은 처음 만난 인사는 '스캔 하세요'로 시작한다. 이들은 영구적인 자신의 명함과 타자의 명함을 입력하여 시공간을 초월한 소통을 '웨이씬'이라는 매체로 이루어지고 중국에 관한 거의 모든 정보가 '웨이씬'뉴스를 통하여 읽힌다.

신 실크로드 구축

대외로의 개방을 통하여 중국은 동남아시아 국가 연합 즉 아세안(Association of Southeast Asian Nations, ASAN)과의 경제협력을 통하여 오늘날의 경제적 활성화을 가져왔다. 중국은 이것을 '10년무역황금기'라고 치고 또 새로운 황금기 무역 10년을 맞이하기 위하여 신 실크로드 구축을 계획하고 실행하고 있다. 중국에서는 이기간을 '10년무역다이아몬드'시기로 잡고 아세아연합과 운명적 공동체로서 새로운 '해양실크로드'구축을 제안하여왔다. 또 유럽과 아세아 대륙을 잇는 신 실크로드경제권(絲綢之路經濟帶silk road economic belt)을 위하여 협력할 것을 제안하였다. 이것이 바로 중국 정부가 새롭게 구축한 21세기 신 실크로드 즉 육로一帶과 해상一路 (one belt and one road)이다. 육로실크로드는 경제권 협력을 구축하고 발전시키며, 해상실크로드는 연애지역의 무역활성화를 성취하려는 것이다. 그리고 중국은 서부아세아 국가들과의 경제지역을 형성하기 위하여 이미 끊긴 고대 육로 실크로드를 복원하고 또 새로운 도로를 구축하는 작업을 시작했고 일부는 구축하는 단계에 있다. 아래 그림에서 볼수 있듯이 서유럽으로 가는 길을 중국경내에서 먼저 구축하는 것이다. 중국은 현재 도시와 도시를 잇는 고속도로와 고속철도을 건설하고 있으며 개혁개방시기 중국이 도시마다 '건축현장'이라면 지금의 중국은 도로망 건설을 위하여 산을 뚫고, 다리를 세우고, 길을 닦는 건설현장이다.

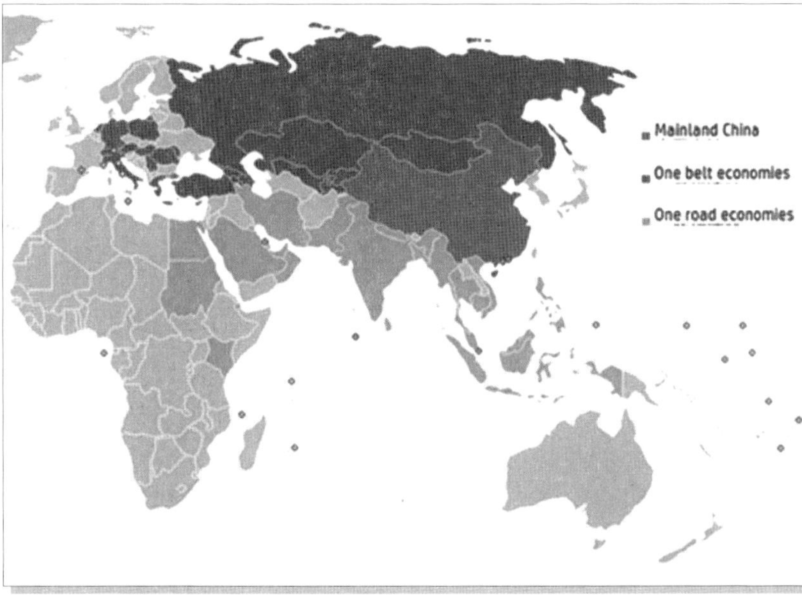
Mainland China
One belt economies
One road economies

러시아
만주리
몽고
Mongolia
Turkmenistan
아라산구
얼랜호터
련원깡

그림에서와 같이 롄윈깡連云港은 강소성江蘇省 동부 연안에 위치한 항구도시이다. 2016년에 개통된 "쑤만어우蘇滿歐" 열차는 쑤쩌우蘇州에서 출발하여 중국 가장 북쪽에 위치한 만주리滿洲里를 거쳐 시베리아를 지나 러시아, 벨로루시(Belarus)를 거쳐 폴란드 바르샤바(warsaw)까지 운행하는 화물열차이다. 현재 이 열차는 한 달에 3번 운행하고 있다. 두 번째 노선은 쑤쩌우蘇州에서 출발하여 내몽고 얼롄하오터二連浩特를 거쳐 외몽고(Mongolia)를 지나 러시아, 폴란드까지 노선인데 중국경내 노선과 몽로노선이 현재 건설 중이다. 세 번째 노선은 쑤쩌우蘇州에서 출발하여 서북부 신강新疆위글소수민족자치구에 위치한 아라산구阿拉山口를 거쳐 카자흐스탄(Kazakhstan)에 도착하여 옛 서역으로 연결되는 노선이다.

내륙에 위치한 사천성 충칭重慶에서 독일 뒤스부르크(Duisburg)까지 운행하는 화물열차는 2011년에 개통된 위신어우渝新歐(Chongqing-

Sinkiang-Europe International Railway) 화물열차는 중국경내 란저우, 우루무치, 아라산구阿拉山口을 거쳐 유럽은 하자크스탄(Hajakeuseutan), 러시아, 벨로루시, 폴란드, 독일에 도착한다. 이 열차는 나중에 벌기에(Belgium)까지 연장할 화물열차이다.

서부 내륙 사천성 청뚜成都에서 출하여 폴란드 우치(Łódź)까지 운행하는 청뚜우치成都-羅兹화물열차는 한주에 3번 운행하고 있다. 이열차는 아라산구를 거쳐 폴란드 우치까지 운행하지만 이 열차가 싣고 간 화물은 폴란드 우치에서 다른 화물차로 실려 독일 뉘른베르크에 화물을 내리고, 네덜란드 틸부르프(Tilburg)역에 화물을 내리는 시스템이다. 돌아올 때도 마찬가지고 네덜란드 틸부르프에서 실은 화물, 독일 뉘른베르크역에서 실은 화물이 폴란드 우치에 집중하고, 다시 중국으로 들어오는 것이다. 주로 중국의 TCL, Dell, HP, lenovo, Philips에서 생산한 전자제품, 가정용전자제품, 자동차부품, 의료기기, 가구 그리고 의복, 신, 모자와 같은 방직품과 일용제품을 싣고 가고 올 때에는 폴란

드, 독일, 네덜란드의 육류, 냉동육류, 우유제품, 맥주, 포도주와 같은 식품과 자동차를 싣고 온다.

중국 - 유럽中歐 신실크로드

중국은 옛 실크로드를 구축할 뿐만 아니라 새로운 길을 개척하기도 하였다. 현재 중국-유럽 실크로드는 주로 철도를 이용한 화물선 노선이다. 3개의 통로 5개 항구가 개통되어 화물열차를 운행하고 있다. 위에서 설명한 충칭-두브르크, 청뚜-우치, 쑤쩌우-바르샤바을 제외하고 또 쩡쩌우鄭州-함부르크, 우한武漢-체코와 우한武漢-폴란드, 창싸長沙-뒤스브르크(Duisburg), 이우義烏-마드리드까지 노선들이 모두 2014년부터 운행하고 있다. 중국 서부 경제권인 섬서성陝西, 감숙성甘肅, 청해성青海,녕하宁夏소수민족자치주,신강新疆위그르소수민족자치구와 서남쪽에 위치한 4개 내륙지역 도시 중경重慶,사천성四川,운남성云南,광서성广西의 경제활성화를 기대하고 고대 실크로드 부활을 기대한다. 이지역은 또한 소수민족이 집중적으로 거주하는 지역이기도 하다. 신 실크로드 구축을 통한 경제무역 활성화가 주된 목적이다. 개혁개방은 연해지역에서 혜택을 줬다면 신 육로 실크로드 구축은 비교적 낙후되어 있던 서북 서남지역의 경제활성화에 중점을 둔 것이라고 볼 수 있다.

「一帶一路」中國夢
鋼鐵絲路：開往歐洲的列車
大陸中小地產商困境調查
中俄聯合搜尋蘇軍遺骸內情

제6장 유우커游客:
글로벌화 되어가는 첫 걸음

6.1 '유우커'로서 세계을 경험하기

현대화라는 개념은 아주 추상적인 개념이며 현대화의 핵심내용과 핵심가치에 대하여서도 한 마디로 단언 짓기가 어렵다. 현대화는 유럽에 뿌리를 두고 있으며 계몽운동을 시작으로 산업혁명, 과학기술 발전, 도시화를 통하여 한 걸음 한 걸음씩 서양화되는 과정이라 할 수 있다. '서양화'라는 용어에는 지역적 특성을 띠기에 시간적 개념이 들어간 '현대화'란 용어를 쓰기 시작하였다. 현대화가 서양에서 시작하여 전 세계에 영향을 주면서 전 세계는 시기적으로 단계적으로 현대화되어 갔다. 현대화라는 개념에는 경제 분야가 가장 우선위로 나타나고 그로 인하여 생기는 부대 효과와 영향들이 정치, 문화, 제도, 의식형태, 정신문명과 같은 분야에 영양을 끼친다. 서양에서 발전된 현대성은 극단적 개인주의, 극단적 집단주의, 순수자본주의적인 것, 순수사회주의적인 것들이 모두 계몽운동에서 발전된 산물이다. 요즘 사용되는 용어 시장경제, 민주정치, 시민사회 혹은 반 시장경제, 반 민주, 반 시민사회 등이 계몽주의에서 발전된 현대성의 내용들이다. 제도적으로 볼 때 관료시스템, 군사조직, 글로벌 집단, 대기업, 각종 사회단체들도 모두 그 내용이라 할 수 있다. 이는 또한 다채널을 열어 놓고 문제점을 발견하고 충돌을 미리 예견하고, 정책으로 시민운동으로 나아가 시민의 자각적인 의식수준 단계에 도달하는 것이다. 80년대부터 시작된 글로벌 의식과 혈통의식은 변증법적인 관계성과 발전성을 띠고 있다. 도시화, 공업화는 전형적인 글로벌 의식에 속하며, 대중매체나 국제금융과 같은 것도 글로벌의식이며, 생태환경이나 자원문제 그리고 지구 공동체 같은 것도 글로벌 의식으로 정착되었다. 이런 글로벌 의식으로 인하여 종족, 지역, 언어, 성별, 종교적인 차이가 흐려지나 했는데 반대로 혈통의식이 더욱 두드러 지고 모순은 더욱 격화되고 있다. 웨일스(Welsh), 스코틀랜드(Scotland), 아일랜드(Ireland)사이의 종족문제며, 가장 격렬하게 벌어지고 있는 지역문제로는 팔레스타인(Palestine)지역 갈등, 패미니즘(feminism)과 같은 성별갈등문제, 종교문제는 더 심하다고 보면 될 것이다. 중국은 아직도 공업화 단계에 처해 있고 생태문제 같은 것은 아직 돌볼 겨를이 없다. 티벳 문제는 중국정부의 아킬레스건이라고 할 수 있다. 중국은 대도시 간 교통연결망을 비축했을 뿐만 아니라 연해지역에서 내륙지역까지 철도 고속도로를 건설하여 물류소통과 인간소통을 동시에 시작한 것이다. 2000년도 중국정부에서 국가공휴일을 규정함에 따라 공식적인 전 국민 공휴일이 생기게 된 것이다. 일년 3번인 황금주黃金周는 5.1노동절 기간 한주, 10.1국경절 기간 1주, 음력설 기간 1주을 가리킨다. 정부에서 이렇게 공식적인 공휴일을 지정하게 된 목적은 휴일경제 혹은 여가경제를 활성화하여 소비를 유도하여 내수를 촉진시켜 새로운 경제수요를 창조하자는 취지였다. 휴가에 소비지출이 집중되다 보면 한주 동안 여행, 교통, 상업의 집중되는 시간이 되고 유관 업체들은 활성화되어 1주 동안 집중적으로 돈을 벌 수 있기에 돈을 벌수 있는 '황금주' 비즈니스란 말에서 비롯된 것이다. 중국의 명승고적들은 발 디딜 틈 없이 여행객으로 차 있고 주변 경제는 활성화 되고, 기념품과 현지 특산품들은 날개 돛 듯 팔렸다. 공휴일제도를 실행한 2000년 첫 10월1일 국경절 '황금주'에 중국 경내 여행객이 5만5천명에 달했으며 2002년 5월1일 노동절 '황금주'에는 8만2천10만 명에 달했다. 이렇게 국내에서 '황금주' 기간 국내 여행객은 계속 증가하는 추세이다. 1998년에 중국정부는 싱가폴-말레이시아-태국을 해외여행 시범으로 시작하였다. 18년 사이 중국은 이미 전세계에서 해외여행 소비액이 가장 많은 나라가 되었고, 유우커는 이미 중국 해외여행객을 지칭하는 대명사로 되었다. 이들은 아세아 국가부터 시작하여 세계 각국에 발자취를 남기면서 중국어를 사용하는 단체로서 그 집단은 갈수록 규모가 커지고 빈도가 높아지면서 갈수록 광범위한 중국어 여행권문화를 형성하고 있다. 유우커들이 가는 곳 마다 가장 크게 영향을 미치는 것은 여전히 상업 활성화이다. 유우커가 가는 곳 마다 숙박업, 음식업, 대중소형 백화점들은 중국신용카드 단말기를 설치하고, 중국어 가능자를 직원으로 채용하고, 무료 WIFI를 제공하고, 중국어 여행 가이드책자나 가이드북을 준비하고, 호텔에 중식식당을 입점 시키고, 중국어 TV 채널을 늘이고, 중국어로 된 호텔 웹사이트를 구축하고, 중국식 아침식사를 준비하고, 중국어로 된 자료 등을 구비하여 중국인 유우커만을 위한 시설이나 서비스를 구축하고 있다. 여러 기업과 국가에서는 유우커 모시기에 나섰으며 유우커의 호주머니 돈을 벌려면 중국어로 서비스를 제공하는 것은 이미 당연한 일로 되었다. 중국정부기관과 일부 기업에서 'Welcome China' 활동을 기획하여 유우커를 위한 스탠다드한 서비스체계구축을 시도하기도 하였다. 중국 유우커를 대상으로 조사한 결과 가장 친절한 나라로 일본이 1위이고 그 다음 한국이었다. 유우커는 단체여행 위주이고 연녕층이 점차적으로 낮아지는 추세이다. 해외여행은 더는 벼락부자들의 전유물이 아닌 '범벼락부자화'되어 가고 있다고 서구언론들은 지적하고 있다. 특히 프랑스, 한국, 일본, 영국, 싱가폴 등 나라에서 중국 유우커가 가장 큰 소비단체라고는 것을 인정하고 중국 3대 '황금주'에 유우커 맞춤 정책을 내놓고 있다. 뿐 만 아니라 유우커가 선호하는 도시들과 지자체에서도 발 빠르게 대안과 행사를 진행하고 있으며, 특히 대기업에서부터 중소기업체, 요식업체들도 발 빠르게 대응책을 내놓고 있다. 그러나 중국 유우커들이 해외에 가서 좋은 인상만 남기는 것은 아니다. 특히 유우커들이 해외에서 교양 없는 행위들로 인하여 뉴스에서 '화제인물'로 지적받는 현상이 두드러 지게 나타나고 있다. 특히 휴지나 쓰레기 함부로 버리고, 침을 함부로 뱉고, 줄서지 않고 새치기하고, 신발양말 벗고 있고, 웃통을 벗고 있고, 뷔페에서 음식 남기고, 손 씻고 수

도꼭지 잠그지 않고, 길가는 사람 빤히 쳐다보고 손가락질하고, 외국인 억지로 잡고 사진 찍고, 한밤중에 소리 지르며 즐기는 등 공공장소에서의 '탈선'행위를 하는 '악습'들이 눈살을 찌푸리게 하고 현지인들에게 당황 감을 준다. 이런 문제들은 현실적으로 존재하며 그렇다고 부정적으로 더 확대할 필요는 없으며, 음식을 먹다 목이 멘다고 음식을 안 먹을 수는 없을 듯이 중국정부에서도 캠페인을 통하여 공공장소 질서를 지키는 교양교육을 진행하고 있다. 중국 유우커들은 해외여행을 통하여 여행지의 아름다운 풍경만 보는 것이 아니라 현지 서민들의 생활에도 깊숙이 들어가 보기도 한다. 여행을 마치고 일상으로 돌아온 유우커들은 늘 호스트와 손님의 관계에 대하여 생각하게 될 것이다. 때로는 호스트가 손님을 열정적으로 대하지 않을 때, 때론 손님이 호스트를 무례하게 대할 때 이들에게도 사회적 질서와 공공도덕이나 개인의 교양에 대한 고민을 하게 될 것이다. 오늘날 글로벌화에 따라 다국적 비즈니스, 여행객들로 호텔, 공항, 리조트, 레스토랑, 여객운송, 오락, 스포츠 산업을 통칭하는 고객 감동을 생산하는 서비스업을 호스피탈리티(hospitality) 산업이라 한다. 이 호스피탈리티라는 용어는 환대와 관용이라는 의미가 모두 포함되어 있다. 80년대 이민을 받아들이는 문제로 프랑스에서 진행된 실천적 관용이라는 의미로 호스피탈리티가 사용되었다. 그리고 이슬람 유목민 사회에서 도움을 구하는 여행자에게 도움을 주는 관습 즉 타자를 맞이하는 방식을 환대라 하였고, 관용이라는 의미는 손님을 맞이하는 문화가 한계에 처했을 때, 반대로 손님의 문화 속에서 그 한계를 극복할 수 있는 방법을 발견하는 것이다. 인류학에서 이러한 관습을 호스피탈리티라고 하고 지금은 하나의 거대유형의 서비스 산업으로 성장하고 있다. 때문에 관용이라는 의미는 유럽적인 역사, 문화, 관습에서 나타났으며, 환대라는 의미는 비유럽적 역사, 문화, 관습에서 나타났다고 할 수 있다. 즉 호스트와 타자의 만남에서 환대와 관용이 모두 필요하다는 의미이다. 현재 해외여행은 나라와 나라, 대륙과 대륙, 나라와 지역 간의 정치적 교류, 외교적 교류, 엘리트들 간의 교류를 넘어 국민들과 국민들의 일상적인 상호작용을 통한 만남으로 이루어 지고 있다. 이런 일상을 통해 접촉한 결과 손님인 유우커들의 일상생활모습이 남김없이 세상 사람들 앞에 드러났고, 방문한 나라의 호스트와 손님의 관계가 '신비함'으로 가득 찼던 초창기와는 달리 시간이 갈수록 구질구질한 '리얼모습'까지 보여주는 단계에 온 것이다. 이런 공공장소의 '악습'들은 유우커들의 초기단계에 나타나는 잠시적인 현상일 것이며 발전적인 관점에서 보자면 정상적인 현상이라고 볼 수 있을 것이다. 이런 현상은 해외여행을 먼저 경험한 일본이나 한국이 이미 겪었던 경험이기도 하다.

6.2 중국인의 마음을 잡자

싱가폴, 한국, 일본뿐만 아니라 호주 영국 등지에서 유우커를 겨냥

한 맞춤형 정책을 진행하여 중국인 유우커에게 비자 체류 유효기간을 늘이거나 멀티 비자를 발급하기도 한다. 이런 것들은 중국인들이 해외 관광을 할 수 있게 기회를 주는 것이지만 전 중국에 향해서가 아니라 지정된 대 도시에 호적이 있는 사람들에게만 국한 된 것이다. 선진 나라들의 경험에 비추어 보면 GDP가 3천 달러에 도달하면 사람들은 여행을 하고 싶다는 충동이 생긴다고 한다. 개혁개방 초기 중국정부는 1단계 2000년까지 일인당 국민소득 1천 달러를 목표로 의식주 문제 소강小康수준에 도달하는 것, 2단계 2020년까지 일인당 국민소득 3천 달러를 목표로 전면적인 소강小康사회에 도달하는 것이었다. 이것은 세계은행이 각 나라 국민소득 평균치를 근거로 구분한 4개 등급 중 중상 등급에 속하는 목표이다. 오늘 중국은 지역에 따라 그 소득분배가 일정하지 않으나 소득수준에 근거하여 tianya에서 저소득층, 중산층, 부유층 3개 등급으로 중국인 소득을 구분하였다. 현재는 년 소득이 3천 달러이거나(8천2백만명) 3천 달러에서 8천 달러(8억명)인 사람들은 저소득층에 속한다. 1만3천 달러에서 2만 달러 연 소득자는 3억 명, 3만 달러에서 10만 달러 연 소득자는 1억5천만 명, 국민소득 10만 달러에서 100만 달러 소득자는 3만5백 명이다. 그리고 그 이상은 소유자산이 100만 달러에서 1000만 달러 소유자는 200만 명이고, 소유자산 1000만 달러에서 1억 달러인 소유자는 6만3천명이고, 소유자산이 1억 달러에서 10억 달러 소유자는 180명, 소유자산이 10억 달러 이상인 소유자는 90명이다. 저소득층, 중산층, 부유층은 4:4:2의 비율로 나타난다. 저소득층인 8천2백만명을 포함하여 13억 중국인이 이미 경제수준으로 여행을 즐길 수 있는 이론적 조건이 준비된 것이다. 이런 잠재적 관광 고객을 유치하려면 여행상품 개발이 가장 중요하다. 맞춤형 여행 패키지를 어떻게 중국인들의 소득수준에 맞게 내 놓는가가 중요하다. 비록 한류를 이끄는 드라마, 한류를 이끄는 아이돌 가수들, 한류를 이끄는 예능프로그램과 같은 문화산업이 중국 시장 진출로 인하여 중국인들이 한국에 대한 호감도가 올라가 유우커 들이 크루즈를 타고, 비행기를 타고 물 밀 듯 밀려왔다. 드라마에서 나오는 대부분 물건과 드라마 속 의, 식, 주 문화까지 관광산업효과를 보는 것이다. 주인공이 사용했던 화장품, 입었던 옷 신발 액세서리는 물론이고 치맥 소맥 삼겹살 삼계탕 비빔밥과 같은 식문화까지 변화를 주고 있다. 예능프로그램 '러닝맨', '아빠 어디가?', '나는 가수다'등과 같은 콘텐츠들은 중국에 포맷을 수출하고 있다. 이런 것들은 워밍업 단계이며 어떻게 이런 현상을 지속시키고, 업그레이드시키는 가는 우리에게 던져진 미션이다. 한국에서는 행정기관과 기업이 협력하여 중국 황금주에 맞추어 '歡迎周 (Welcome Week)' 행사를 진행하여 핫 플레이스 지역에서 다채로운 한국문화체험활동을 주도하고, 4000명 유우커에게 '삼계탕파티' 행사 등과 같은 관광산업에 열을 올리고 있다. 우리는 앞에서 이미 고전을 통해 중국의 철학관을 알게 되었고, 영화를 통해 중국인의 인간성을 알게 되었고, 화교를 통하여 중국인들의 화인 문화를 알게 되었고, 올림픽을 통하여 국제무대에 등단한 중국의 파워를 알게 되었고, 웨이씬을 통하여 중국 경제성장을 알게 되었다. 그럼에도 불구하고 중국인의 마음을 잡는 비결 같은 것이 없다는 것을 알고 있다. 하드웨어와 소프트웨어 시스템을 잘 아는 기초에서 자아와 타자, 호스트와 손님을 서로 다른 위치에 갈라놓지 않고 자아가 타자로, 호스트가 손님으로 타자가 자아로, 손님이 호스트로의 관계를 끊임없이 자리바꿈을 하고 끊임없는 문화충돌과 언어충돌, 체제충돌을 겪으면서 이 시대 살아가는 이들-우리들의 필요한 콘텐츠, 이 시대 살아가는 이들-우리들의 필요한 테마를 찾는 것이 문화로 이어지고 산업으로 이어지지 않을까 생각된다.

6.3 중국 전문가가 되자

21세기 글로벌리즘이 확대되면서 국제표준과 국제문제들이 중국의 개혁개방의 힘찬 보조와 함께 때로는 제약을 주기도 하고 때로는 점검하게도 하고 때로는 무시하기도 하고 때로는 촉매기능을 하기도 하고 때론 기쁨, 참회와 같은 것들을 겪는다. 급속도로 경제성장을 이룬 중국이 다른 나라들도 모두 경험했던 것을 그것도 고도로 의식화된 자국민들과 외신들에 의하여 지적받지만 중국정부 자체도 이제 심각한 문제로 다루고 있다는 것이다. '깨끗한 공기, 깨끗한 물, 안전한 먹거리'가 중국정부에서 해결해야 할 중요한 문제이자 중국 전문가로서 알아야 할 가장 중요한 문제이다. 미세먼지지수는 일기예보와 같이 우리 일상생활에서 중요한 알림이다. 미세먼지지수가 건강유지 폐질환 예방으로 이어지면서 마스크 산업이 전례에 없이 커지고 발전하고 있다. 과거의 의약보조품에서 오늘은 일상생활용품으로 되었다. 기능성 마스크제품는 중국에서 가장 핫 한 필수품이 되었다. 재질도 다양하고 기능성도 다양하고 종류도 다양하다. 바깥 공기가 나쁘니 실내 공기도 문제가 된다. 가전제품 선호도 1위가 공기청정기이다. 이 또한 미세먼지 정도에 따라 맞춤형 공기청정기 산업으로 발전할 수 있을 것이다. 먹거리 안전문제에 대하여 중국 정부는 '불량식품과의 전쟁'을 선포하고 법정 최고형으로 다루고 있고, 식품제조업체를 정부에서 감독 감시하고 있다. 그래도 백성들은 먹거리에 대하여 기본적인 신뢰도가 떨어져 있다. 한번 떨어진 신뢰도는 회복하기 어렵다 보니 사람들은 '친환경' 식품을 찾게 된다. 중국내 친환경 야채 재배지가 이로 인하여 아주 큰 매출을 올리고 있지만 여전히 시장수요를 만족시키지 못하고 있다. 한국은 친환경 야채 재배 분야에서 중국보다 훨씬 선진적이며 이런 산업도 중국 시장을 목표로 할 수 있다. 특히 가공식품마저도 신뢰성이 떨어져 안전한 일본 한국 가공식품을 구매한다. 현재 국내 고객을 대상으로 하는 식품뿐만 아니라 중국인의 입맛에 맞는 맞춤형 가공식품 개발이 필요할 것이다. 정수기 산업, 공기청정기 산업, 유기농 식품 재배산업, 가공식품 산업들을 재 정비하여 맞춤형 제품 생산을 하고 맞춤형 마케팅을 하고 맞춤형 서비스산업까지 이어질 수 있게 하는 것이 중국 전문가가 해야 할 일일 것이다. 중국인도 중국을 잘 모른다는 말이 있다. 중국은 지역에 따라 완전히 다른 기후가 있으며, 완전히 다른 기후처럼 사람들의 생활양식 또한 완전히 다르다. 그 차이를 잘 알고 그 문화에 깊숙이 들어가면 우리의 내일 산업이 보일 것이라 생각한다. 중국어 전공자들을 우리는 배양하고 있으며, 중국문화, 중국지역, 중국경제, 중국정책, 중국외교, 중국철학, 중국역사 전문가들도 조금은 있다. 그러나 높이서서 멀리 내다보고 예측하는 중국분석가가 필요하고, 중국우수과학기술과 첨단과학기술 분야를 아는 전문가도 필요하다. 중국 시장을 분석하고 자문해주는 전문가가 필요하고 현재의 중국이 필요한 산업을 적당하게 매치시켜주는 컨설팅 전문가도 필요하다.

참고문헌

강신주(2013), 〈장자, 차이를 횡단하는 즐거운 모험〉, 그린비

고든 G. 창, 형선호 옮김(2001), 〈중국의 몰락〉, 뜨인돌

미조구치 유조, 이케다 도모히사, 고지마 쓰요시, 조영렬 옮김(2012), 〈중국을 움직이는 네 가지 힘〉, 글항아리

조너선 D. 스펜스, 주원준 옮김(1999), 〈마테오 리치, 기억의 궁전〉, 이산

이강재(2006), 〈논어-개인윤리와 사회윤리의 조화〉, 살림

클라우스 슈밥, 송경진 옮김(2016), 〈클라우드 슈밥의 제4차산업혁명〉, 새로운 현재

KBS제작팀(2015), 〈슈퍼차이나〉, 가나출판사

KBS제작팀(2015), 〈중국속으로〉, 베가북스

菜志忠, 陈鼓应, 詹石窗(2013), 〈中国思想随身大全〉, 中国出版集团现代出版社

杜维明(2016), 〈文明对话中的儒家-21世纪访谈〉, 北京大学出版社

_______(2016), 〈儒家精神取向的当代价值-20世纪访谈〉, 北京大学出版社